JN097792

廣津留真理 著

ナツメ社

みんなの夢は何？

こんにちは、ひろつるまりです。

わたしは子どものころ、作家になりたいと思っていました。昔は、ゲームもインターネットもスマホもなくて、本がたった一つの、世界と自分を結びつける道具だったのです。だからわたしは読書が大好きで、日本やイギリス、アメリカ、ドイツ、フランスの本をたくさん読み、「いつか本が書けたらなぁ」と夢見ていました。

すると、あらあら不思議、大人になって気がついたらわたしは本をたくさん出版していました。子どものころの夢は、がんばればいつかきっと叶うのです。

わたしは、もう一つ夢があって、それは世界中をとび回り、色々なおいしい料理を食べ、面白い人に会うことでした。そのために、「英語が大得意になればなぁ」と願っていました。

すると、あらあら不思議、中学校でも高校でも英語が大好きで大得意になっていました。その結果、今では毎年、アメリカ、イギリスはもちろんアジアやヨーロッパの国々を旅しながらおいしい料理を食べ、面白い人に会う仕事ができるようになりました。

「今」やり方を覚えれば「一生」英語にこまらない

英語が大得意になるワザは３つあります。１つ目は、音読、英語を声に出して読むこと、2つ目は、単語をたくさん暗記すること、3つ目は、ちょっとずつでもいいから続けること。簡単でしょ？

音読のコツは、恥ずかしがらずに堂々と読むこと。周りの人はだれもあなたの間違いなんて気にもとめていませんよ。単語暗記のコツは、中学3年生までの単語を一気にすませてしまうこと。これですごく自信がつき、暗記のやり方が身につきます。続けるコツは、小さい目標を立てること。1週間で100コ、1か月で300コ、など、短い目標をこなしていきましょう。

さあ、今日から始めます！ やり方はこの本をよく読んでくださいね。

楽しい人生をおくるために

これからは、世界中の人とお友だちになって、一緒に社会のさまざまな問題を解決する時代です。英語をみんなで使えば、仲間外れをすることなく、だれとでも意見を交換できます。

みんな、笑顔で、英語で、世界中のお友だちと仲良く、すばらしい人生を歩んでください。

この本がその助けになりますように！

廣津留真理

マンガ

第1章 Word 単語

マンガ

第2章 Sentence センテンス

マンガ

第3章 Phrase フレーズ

音声の聴き方

本書で使用する音声は、以下の2つの方法でお聴きいただけます。

※「QR コード」・「音声一括ダウンロード」の音声は同じものです。

※音声ファイルは MP3 形式です。

QR コード

本書では、各 Lesson に掲載されている QR コードをスマートフォンの QR コード読み取りアプリ、バーコードリーダーアプリなどで読み取ることで、英語の音声ファイルにアクセスし、聴くことができます。

1. スマートフォンの読み取りアプリを起動する
2. スマートフォンに搭載されているカメラで QR コードを読み取る
3. 音声を再生するアプリを選択し、表示されたアドレスにアクセスして、音声を聴く

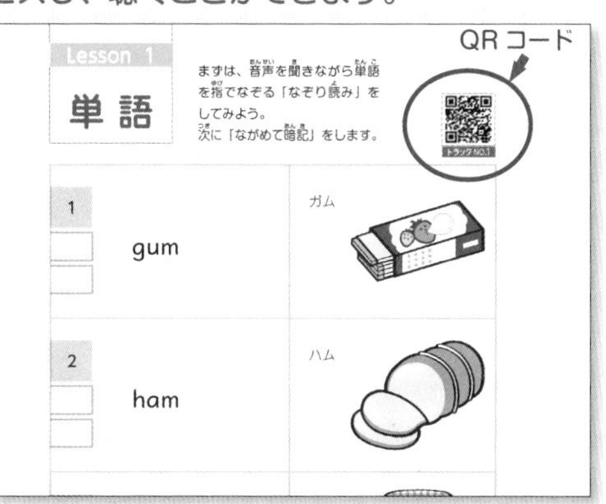

※機種によって読み取りアプリや再生機能、操作が異なり、音声がすぐに再生されない場合や、ダウンロード・保存される場合もあります。詳しくはスマートフォン各機種の取扱説明書をご確認ください。

※スマートフォンでのみ動作を確認しております。携帯電話などではお聴きになれない場合があります。

音声一括ダウンロード

本書で使用する音声は、以下の手順で一括ダウンロードできます。

1. インターネットブラウザを起動し、ナツメ社 Web サイトを開く
2. 本書『1日5分で身につく！ 小学生の英語』のページを開く
3. ページ下部にある「サンプルデータ」以下の［ダウンロード］ボタンをクリックする
4. お持ちの PC、もしくは音楽プレーヤーにて再生する

成功体験

小学校2年生で英検準2級に合格したユナ

Thank you!
bye
ユナってすごいなぁ!!
英語話せるんだね。
外国に住んでいたことがあるの？
ううん。外国に住んだことはないけど

アッポー
近所のひろつる先生に教えてもらった方法で練習しているのよ
ひろつる先生？

その方法なら日本にいても英語ができるようになるの？
すごい！
普通にこのぐらい話せるようになるよ
わたし、英検準2級も合格しちゃったもんっ
英検って中学生が受けるものじゃないの？
ほんとすごいな〜

ユウキもやってみる？
すっごく楽しいよ！
あんなふうに英語が
使えたらなぁ…
ユナはすごいなあ
かっこよくて
かわいくて
友だちも多くて
英語もできて…
ユウキくん！
君にもできるよ！
バサ
バサ
だれ？
バーン
ユウキくんが英語に
興味をもって
くれるのを
待っていたんだよ
ぼくは英語を
勉強したい子を
応援する
「ヴィクトリー」

先生の一番弟子のぼく
に任せて！
特別に教えてあげる！
びっくりした〜
ユナが言ってた
勉強のやり方
教えてくれるの？

でも、ぼくに
できるかな…
イジ
イジ
大丈夫！ 英語は楽しいよ
一緒に楽しく学ぼうよ！

英語を学べば、日本では知ることができない
世界のことを知れて、世界中に友だちができて、
ユウキくんの人生をもっともっと楽しく
豊かにしてくれるよ

がんばって
みようかな…
外国の人と友だちになって、
世界中を見てみたい！

ユナちゃんを英語で
デートにさそえると
いいね〜
ポッ

ひろつる メソッド１

文法の勉強はしなくていいよ！

いつのまにペラペラになってた～
ぼくはどうやって日本語を覚えたんだっけ～～!!
それはねユウキくん
人の言葉をマネして覚えているんだよ
妹のミサキちゃんが赤ちゃんのときのこと思い出してごらん
ミサキちゃんは、ユウキくんやお父さん、お母さんが使っている言葉をマネしてなかった？
あ、そうだ

ぼくが「お兄ちゃんだよ」って声をかけたら、「ニーチャ」って言ってた！
しゃべった！
ニーチャ
ニーチャ

今じゃすっかり生意気になっちゃって…かわいかったのにな
お兄ちゃんとろいのよ！
ホロリ…
かわいそうなユウキくん…

赤ちゃんが言葉を覚えるように
apple
アッポー
英語も聞いた通りの音をマネして言ってみることから始めると自然に覚えていけるんだよ

だから
文法にこだわり
すぎちゃダメ！
バコーーン
英語
文法
文法のことは、
考えずに勉強
を始めよう！

ぼくの知っているタイキくんは、
勉強を始めて
8か月で英検3級に合格したけど
文法って何？
3級
「文法」っていう
言葉すら知らなかったんだ
すごーい！

周りの人が言っている言葉を
「ママ」→「お母さん」→「物の名前」
なんていちいち考えて使わないでしょ？
＝ママ＝お母さん＝物の名前
＝ママ
周りの人が「ママ」って呼んでいる人が
「ママ」なんだって覚えていけば、
自然と言葉が覚えられるんだよ

ぼくも赤ちゃんが言葉を
覚えるようによ〜く
音も聞いてマネしながら
覚えていけばいいんだね
その と〜り！
赤ちゃんに
なりきって
ハイハイから
始めるぞ！
そこまで
しなくて
いいよ〜

ひろつるメソッド2

英語(えいご)を日本語(にほんご)になおさなくていいよ！

たとえば
中学校の教科書だと

I go to school to study English
＝ ＝ ＝ ＝ ＝ ＝ ＝
私 行く ～へ 学校 ～のため 勉強 英語
わたし い がっこう べんきょう えいご

I go to school to study English

私 行く ~へ 学校 ~のため 勉強 英語

わたし い がっこう べんきょう えいご

たとえば go と school と English だけ聞き取れて、その意味を知っていたらなんとなく「学校へ英語の勉強をしに行くのかなぁ」って想像できるでしょ？

ほんとだ なんとなく わかるね！

先週
野球をしたんだ
だから、知らない単語があっても
前や後ろの単語から
意味を想像して
どんどん頭に入れていって
しまえばいいんだよ
I played baseball last week
たしかに、
テストだったら
時間内にできないね
これから、英文がもっと難しく、
長くなったら単語１つ１つの
意味を頭の中で日本語に
置き換えている時間はないよね？
1問もとけてない!!
キ～ン
コ～ン
カ～ン
とにかく
ざっくりと
意味がわかれば
合格だよ！
たくさん英文に
ふれることから
始めよう！
ぼくの辞書～

ひろつる メソッド３

「たくさん読んで」「たくさん覚える」

先生の教室では小学生でも
大学入試レベルの英語を
読んでいるんだよ
She works
in a...
In American
culture ...
I really
like the ...
プク～
ふんだ！
それは、ぼくとはちがって
ユナみたいな
天才の人たちでしょ？
のび～～ん
じゃあ
どうしたらいいか
早く教えてよ！
ユウキくん
いたい…
何を言ってるんだ、ユウキくん！
キミだってできるように
なるんだぞ！
英語が話せる自分を
想像するんだよ

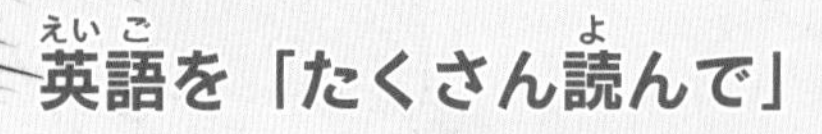

「たくさん覚える」！

Welcome to Japan.

I like tennis.

He listens to music...

音読して、暗記することを
繰り返していけば、
グングン力がつくんだよ

何度もまちがえながら、
英語を覚えていったんだよ

まちがえちゃったー

TRY AGAIN!

ぼくが教えた子たちは、小6から通い始めて、
英語を勉強したことがなかったのに、
8か月で英検3級に合格したジロウくん

教室に通い始めてわずか7か月で
英検5級に合格したマコちゃんなど、
たくさんの子が短い時間で英語の力を
身につけていってるんだ

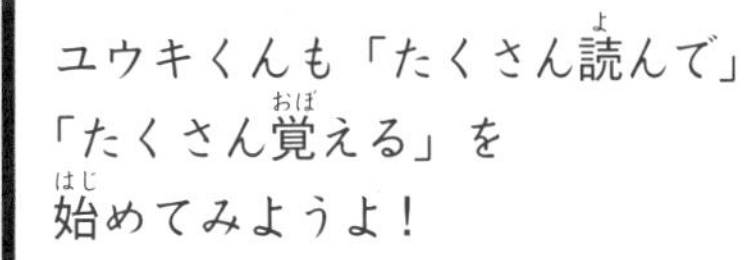

ひろつるメソッド
メンタル編

フセンを使うとヤル気もアップ！

英語がいっぱいだね～
ぼくならやる前に
くじけちゃうかも
このシールみたい
なのは何？
これは、フセンだよ。
付けたり、
はがしたりできるの
ピト
ぴゃあ
フセンは、
今日やるところの
最初と
最後に貼って

今日のぶんが終わったら
はがして、
またあしたやるところの
最初と最後に貼りなおすの
ペタ
この目印があると
「ここまで進んだぞ!」
って
すぐわかるでしょ
ほんとだ!
あと少しで
終わりだ!
ユナすごいね
ちょっとずつ
進んでる
気がして
やる気がでるの

わたしはネコのフセンを
使ってるの
かわいいでしょ？
かわいー
好きなフセンを使うと
やる気が出るよ！
よし、今日帰ったら
お母さんに言って
ぼくもフセンを買ってもらおう！
ユナとおそろいに
しようかな
エヘヘヘヘ
ユウキくん、本で勉強を
始めるのが先でしょ！
あ、そうだった。
まずは本を見ないとね！

ひろつるメソッド
メンタル編

自信をもって話せば、発音も文法もオールOK

外国の人が日本語で話しかけてくれたらユウキもうれしいでしょ？
コンニチハー
外国の人がまちがった日本語を使っても、かっこ悪いなとか思わないでしょ？
アナタトテモカワイソウネ
もしかしてカワイイってことかな？
全然思わないよ！
そうだね。日本語で一生懸命話してくれることがうれしいよね
うん。だからわたしたちも、はずかしがらずに、知っている英語を使って話せばいいんだよ！

ひろつるメソッド メンタル編

大きな声を出すのがコツ！

ぼくは、おなかがすいてたのと
ユウキくんがケーキをくれるか
自信がなかったので、
声が小さくなってしまったのだ～
あーげないっ
そんないじわるしないよ～
日本語でも、声が小さいと何言っているわからないね
英語もいっしょだよ
自信をもって、大きな声で話せば相手に伝わりやすくなる
Thank you!
ボソ
ボソ
??
小さな声でボソボソ言っていたら、
何を言っているのかわからないでしょ？
大きな声ではっきりと！を忘れないでね
あーーん
わ～ん
ぼくのケーキ
食べ過ぎだよ～

ひろつるメソッド
スキル編

大切なのは短期集中！

あれ？　これだけ？
5分ぐらいで
終わっちゃったよ
うん、終わりだよ〜
野球でもしようよ！
ぼくはもっともっと
もっと勉強したい！
メラ
メラ
もっとたくさんやらないと
ユナみたいになれないよ！

英語の勉強は
長い時間やればいいって
ものじゃないよ
5分
1日たったの5分
短期集中で
英語力をつける
これがひろつる
メソッドだよ！

え～でも1日5分
ぽっちで
大丈夫なのかな
カップラーメンより少し長いかな？
ユウキくん
考えてみて
短い時間だったけど、
ユウキくんは今日8個も
英単語を覚えたんだよ
せいかい！
lemon
gum
今まで、1つも
知らなかったんだから
スゴイことだと思わない？
そうかも
あしたもこの調子でやれば16個も
英単語を知っていることになる
pen
school
bag
chair
guitar
house
pencil
piano
desk
windo
kitche
note
book
roo
毎日やっていけば、
5日たったら40語も
覚えていることになるんだ

そっか〜！
1年やったら約3000個も覚えちゃうんだ…
まだ1日目なのに…
ぼくってすごい！
英語は毎日コツコツ勉強することが大切！
3
4
5
1
2
今のユウキくんみたいにもっとやりたいって毎日思えれば続くよね！
今日覚えた単語は忘れちゃダメだよ
ドキ
あしたもこの調子でがんばっていこう！今日は遊ぶぞ〜！

ひろつるメソッド スキル編

ゲーム感覚で単語を覚えよう！

じゃーん
dog cat
fish horse
いぬ ねこ
さかな うま
すごーい
牛乳パック??
ヴィクトリーお手製
お風呂用
勉強グッズだよ！

作り方は簡単！
まず牛乳パックを
開いて、

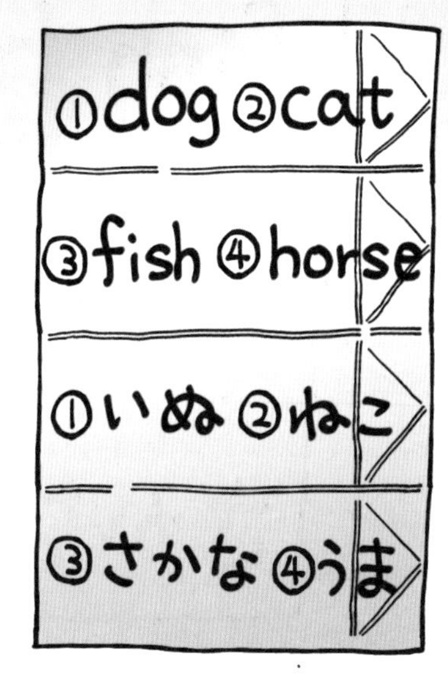
上の段に
勉強したい英語
たとえば
① dog　② cat
③ fish　④ horse
って英語を
油性ペンで書いて
①dog ②cat
③fish ④horse
①いぬ ②ねこ
③さかな ④うま
下の段には
①いぬ　②ねこ
③さかな　④うま
って日本語を書く

それをお風呂に
もって入って音読したり、
意味を当てっこしたりするんだよ
①dog ②cat
③fish ④horse
①いぬ
さかな！
牛乳パックだから
ぬれても平気だし
やる気に
なってくれた
かな
お風呂に入ってる時間が
勉強する時間に
ちょうどいいんだ

楽しそう！
さっそく
入ろうぜ
10分後
30分後
遅いわね
←ママ
ユウキくんそろそろ
あがろうよ
のぼせ〜
まだまだ
勉強できるぞー
くら
dog cat
fish hors
いぬ ねこ
くら
ぶくぶくぶくぶく
cat
horse

ドリルの使い方

さっそくドリルをやってみよう！

①単語をなぞりながら音読しよう
英語の文字を指でなぞっていっしょに声に出してみるんだ
まずは音声を準備して正しい発音を聞いて
dog
音声は、スマホで左にあるようなQRコードで読み取って聴くか、パソコンなどでダウンロードしてね。
※くわしくは、p7を見てね。
ポイントは、
文字を指でなぞって読むこと
英語の音をマネして読みながら、英語の文字を指で線を引くようになぞるんだよ
スーー
gum
gum
ガム！
ham
ハム

なぞり読みは、何度やってもいいよ。
繰り返して、今日1日分
(単語8語程度)の
単語をなぞり読みしていってね
jam
ジャム
②目で見て暗記する
gum
ham
jam
次は最初からもう一度、
単語を1つずつ
ながめて暗記しよう
gum
ham
jam
アルファベットでなく
単語1つ1つの形を
覚えるようにするんだ
絵を見るようなイメージで、
だいたい2秒くらい
だまって集中してみてね
じ…〜
gum
ham
jam
じ…〜

③ちゃんと覚えてるか確認

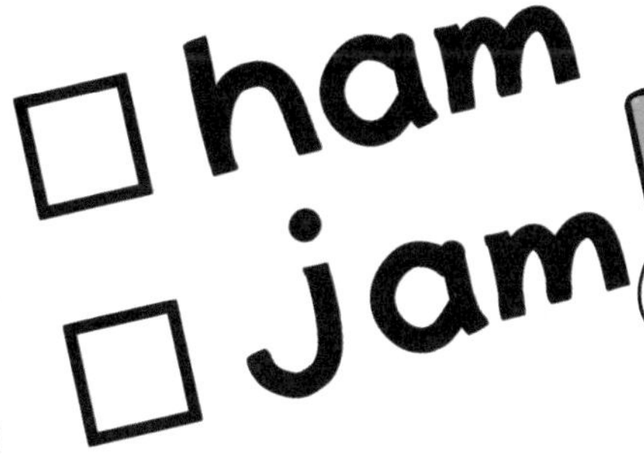

最後に日本語をかくして、
発音がちゃんとできるか、
日本語を覚えているかを
チェックしよう

ジャム

日本語が出てこなかった単語には、
横についているチェックボックスに
鉛筆でチェックを入れよう

2つもまちがえちゃった

まちがって
いても
気にしないで

チェックがついた単語は、
もう一度「なぞり読み」と
「ながめて暗記」を
やってみよう

できなかった単語だけを
もう一度やればいいんだね、
lemon、レモン…

はい、これで今日の
勉強は終わり！
おつかれユウキくん！
つかれた～
おつかれ～

ham
jam
覚えていなかった
単語も暗記できたら、
チェックマークは消していいよ

ユナが言ってたように
あしたやるところに
フセンを貼っておこう！
（p24 に書いてあるよ）

好きなスタンプを押したり、
シールを貼ったりしてもいいよ

これを続けていけば
ユナに近づける
ユウキくんが
やる気に！

まずは、昨日やった英単語の「なぞり読み」をもう一度するよ！
え〜
次の日
今日も昨日やったことと同じことをするんだね
そうそう
なんだっけ？
忘れちゃった〜
忘れてたらもう一回覚えればいいからね
…
あれ？
昨日やったことくらい覚えてるよ
gum、ガム、ham、ハム、jam、ジャム…
音読できるだけでも、スゴイことなんだよ！

復習が終わったら、昨日と同じように
今日のぶんの単語をなぞり読みして
暗記しよう

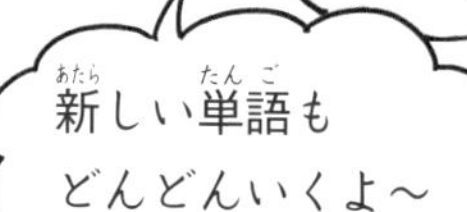

新しい単語も
どんどんいくよ～

dog、いぬ、cat、ねこ、
fish、さかな、horse、うま

こんな感じで、まずは5日間
ドリルを進めてみようね

月	火	水	木	金	土	日
					休	み

5日間頑張ったら、
2日間はお休みしよう

毎日8単語ずつ
覚えていくから
1週間で40単語
覚えられるんだよ

最初の5日間で
40単語も覚えられるのか
たくさん単語覚えるのも
あっという間な気がする

5日間ドリルをやったら、
それぞれの章の最後にページ
にある「がんばりシート」に、
スタンプを押したり、
シールを貼っておこう

いっしょに頂上
目指して
がんばろうね！

第1章

Word

単語

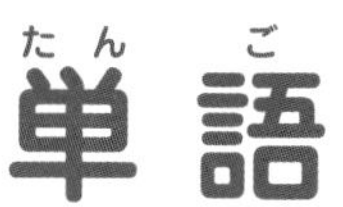

Lesson 1 単語

まずは、音声を聞きながら単語を指でなぞる「なぞり読み」をしてみましょう。
次に「ながめて暗記」をします。

No.	単語	意味
1	gum	ガム
2	ham	ハム
3	jam	ジャム
4	lemon	レモン

5分でいいので、毎日続けることが大事です。その日の目標を達成したら、スタンプを押したり、シールを貼って終了です。またあしたがんばりましょう。

スタンプ・シール

5

orange

オレンジ

6

potato

じゃがいも

7

salad

サラダ

8

sushi

すし

単語（たんご）

9

dog

いぬ

10

cat

ねこ

11

fish

さかな

12

horse

うま

スタンプ・シール

13

pig

ぶた

14

lion

ライオン

15

koala

コアラ

16

penguin

ペンギン

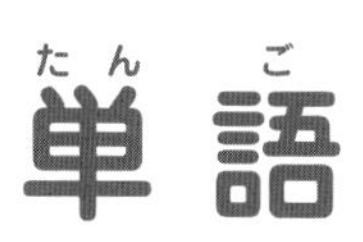

17

chair

いす

18

cup

カップ

19

desk

つくえ

20

door

ドア

スタンプ・シール

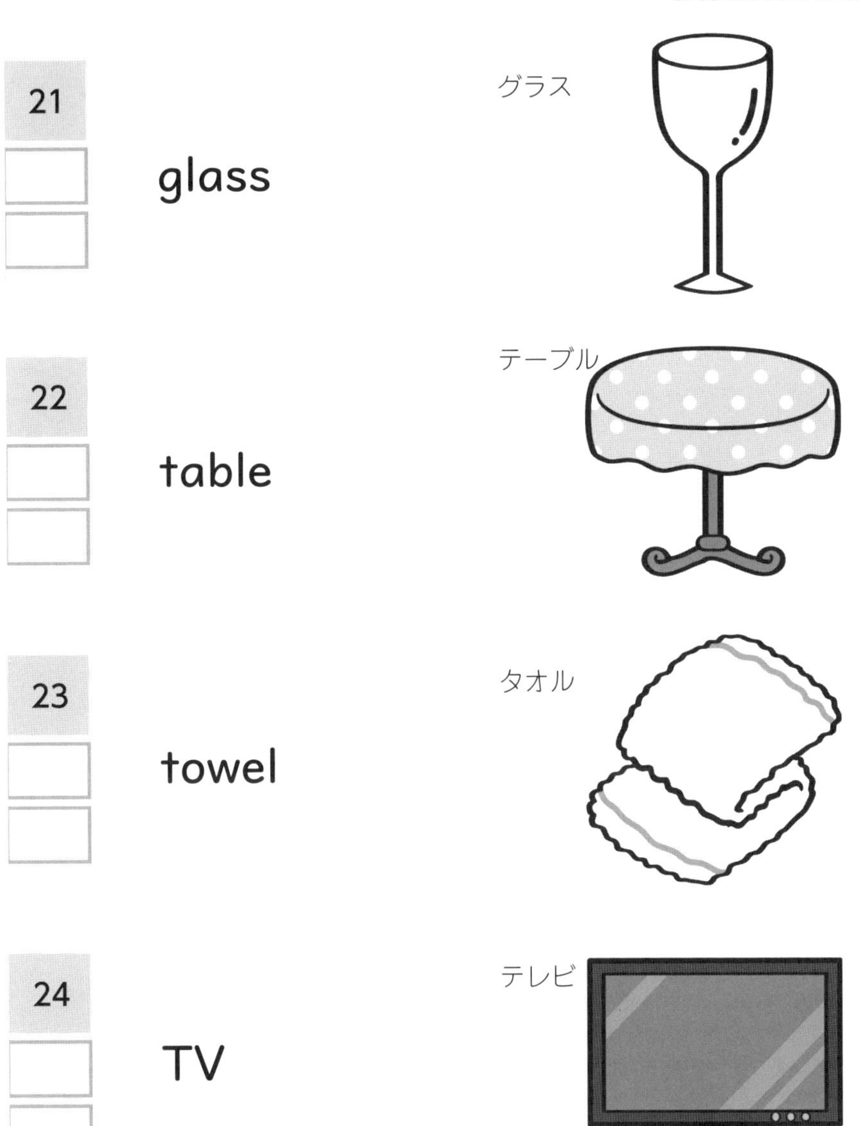
21
glass
グラス
22
table
テーブル
23
towel
タオル
24
TV
テレビ

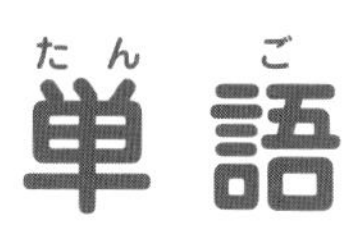

25

bakery

パン屋

26

beach

ビーチ

27

city

町

28

festival

まつり

スタンプ・シール

29

park

公園(こうえん)

30

school

学校(がっこう)

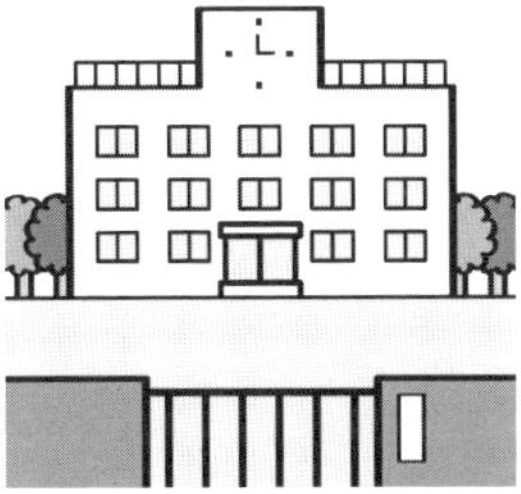

31

street

通り(とおり)

32

temple

お寺(おてら)

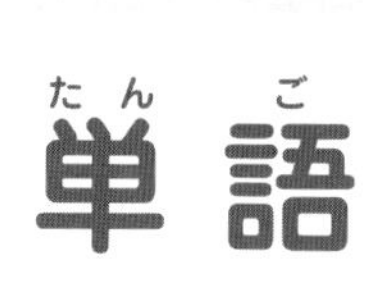

単語

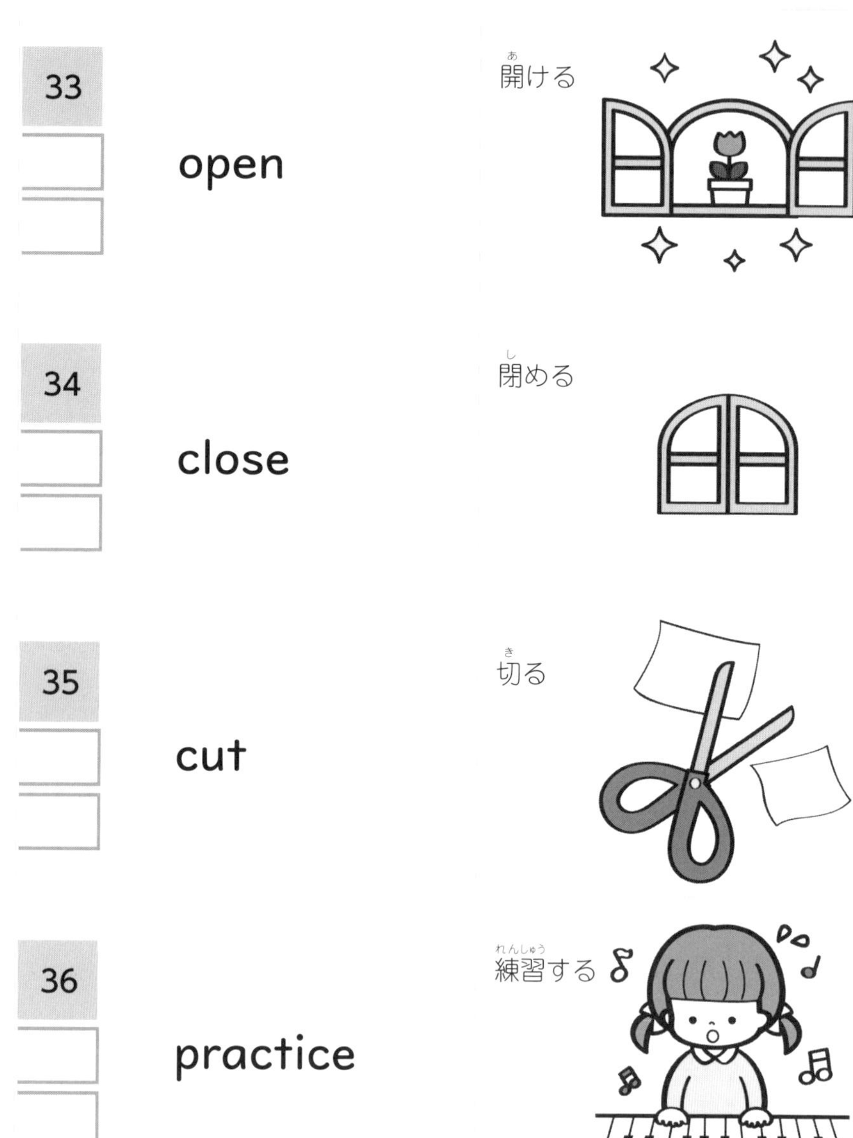

スタンプ・シール

37

start

始(はじ)める

38

stop

止(と)まる

39

brush

(歯(は)を)
みがく

40

use

使(つか)う

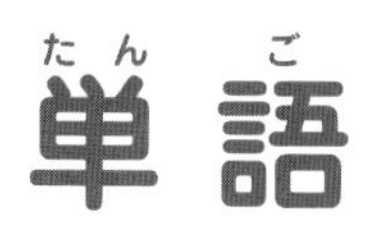

No.	English	日本語
41	America	アメリカ
42	Canada	カナダ
43	China	中国（ちゅうごく）
44	Japan	日本（にっぽん）
45	Spain	スペイン
46	Egypt	エジプト

スタンプ・シール

47

Korea 韓国（かんこく）

48

Malaysia マレーシア

49

Russia ロシア

50

Singapore シンガポール

51

New Zealand ニュージーランド

52

Finland フィンランド

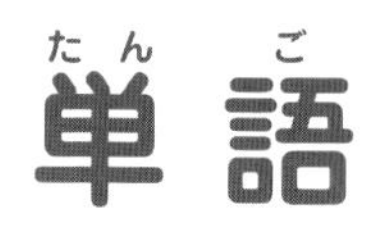

No.	英語	日本語
53	good	良(よ)い
54	bad	悪(わる)い
55	busy	いそがしい
56	free	ひまな
57	happy	うれしい
58	sad	悲(かな)しい

スタンプ・シール

No.	English	日本語
59	angry	怒（おこ）っている
60	sunny	晴（は）れの
61	cloudy	くもりの
62	rainy	雨（あめ）の
63	windy	風（かぜ）の吹（ふ）く
64	snowy	雪（ゆき）の

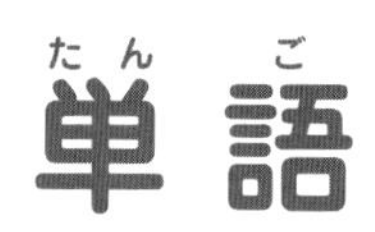

No.	英語	日本語
65	camping	キャンプ
66	hiking	ハイキング
67	Olympic Games	オリンピック
68	rugby	ラグビー
69	Paralympic Games	パラリンピック
70	baseball	野球（やきゅう）

スタンプ・シール

71

soccer サッカー

72

swimming 水泳（すいえい）

73

table tennis 卓球（たっきゅう）

74

volleyball バレーボール

75

Judo 柔道（じゅうどう）

76

marathon マラソン

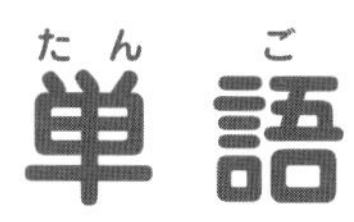

No.	English	日本語
77	father	お父(とう)さん
78	mother	お母(かあ)さん
79	brother	兄(あに)、弟(おとうと)
80	sister	姉(あね)、妹(いもうと)
81	grandfather	おじいさん
82	grandmother	おばあさん

スタンプ・シール

No.	English	日本語
83	son	息子（むすこ）
84	daughter	娘（むすめ）
85	family	家族（かぞく）
86	pet	ペット
87	house	家（いえ）
88	garden	庭（にわ）

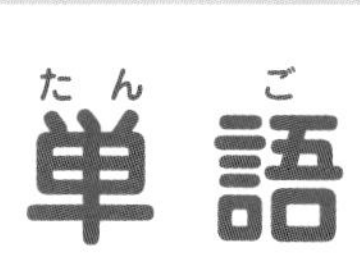

No.	英語	日本語
89	what	何
90	when	いつ
91	where	どこ
92	who	だれ
93	whose	だれの
94	which	どちら

スタンプ・シール

No.	English	日本語
95	why	なぜ
96	what time	何時（なんじ）
97	how	どうやって
98	how much	いくら
99	how old	何歳（なんさい）
100	how long	どのくらいの長（なが）さ

Lesson 11

単語（たんご）

No.	English	Japanese
101	now	今（いま）
102	today	今日（きょう）
103	yesterday	きのう
104	tomorrow	あした
105	time	時間（じかん）
106	month	月（つき）
107	year	年（ねん）
108	season	季節（きせつ）

スタンプ・シール

No.	English	日本語
109	snow	雪（ゆき）
110	star	星（ほし）
111	wind	風（かぜ）
112	wood	木（き）
113	sound	音（おと）
114	dream	夢（ゆめ）
115	memory	思い出（おもいで）
116	voice	声（こえ）

Lesson 12

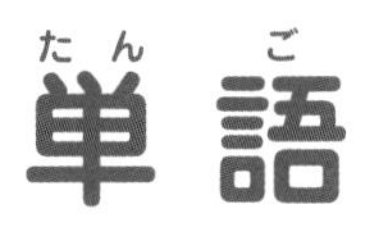

単語

トラック NO.12

No.	English	日本語
117	uniform	制服（せいふく）
118	album	アルバム
119	letter	手紙（てがみ）
120	picture	写真（しゃしん）
121	friend	友（とも）だち
122	jeans	ジーンズ
123	key	カギ
124	map	地図（ちず）

スタンプ・シール

No.	English	日本語
125	club	クラブ
126	song	歌（うた）
127	personal computer	パソコン
128	dinosaur	恐竜（きょうりゅう）
129	dolphin	イルカ
130	place	場所（ばしょ）
131	town	街（まち）
132	farm	農場（のうじょう）

Lesson 13

単語（たんご）

No.	English	日本語
133	airplane	飛行機（ひこうき）
134	bank	銀行（ぎんこう）
135	bridge	橋（はし）
136	concert hall	コンサートホール
137	hospital	病院（びょういん）
138	movie theater	映画館（えいがかん）
139	shopping mall	ショッピングモール
140	pet shop	ペットショップ

スタンプ・シール

No.	English	日本語
141	train	電車（でんしゃ）
142	step	一歩（いっぽ）
143	goal	ゴール
144	kindness	親切（しんせつ）
145	listen	聞く（きく）
146	talk	話す（はなす）
147	buy	買う（かう）
148	enjoy	楽しむ（たのしむ）

Lesson 14

単語（たんご）

No.	英語	意味
149	live	住（す）む
150	smile	ほほえむ
151	visit	訪（おとず）れる
152	right	右（みぎ）の
153	left	左（ひだり）の
154	new	新（あたら）しい
155	old	古（ふる）い
156	best	一番（いちばん）の

スタンプ・シール

No.	English	日本語
157	cartoonist	マンガ家(か)
158	game creator	ゲームクリエーター
159	musician	ミュージシャン
160	nurse	看護師(かんごし)
161	nursery school teacher	幼稚園(ようちえん)の先生(せんせい)
162	scientist	科学者(かがくしゃ)
163	writer	作家(さっか)
164	pastry chef	パティシエ

Lesson 15

単語

音声は、「主格→所有格→目的格→所有代名詞」の順番で流れます。

	主格	所有格
	～は	～の
私	I	my
あなた あなたたち	you	your
彼	he	his
彼女	she	her
それ	it	its
私たち	we	our
彼（彼女）ら それら	they	their

スタンプ・シール

目的格（もくてきかく）	所有代名詞（しょゆうだいめいし）	
～を	～のもの	
me	mine	私（わたし）
you	yours	あなた あなたたち
him	his	彼（かれ）
her	hers	彼女（かのじょ）
it	–	それ
us	ours	私（わたし）たち
them	theirs	彼（かれ）（彼女（かのじょ））ら それら

英語を書くのはタイヘン！

英単語や英作文の書き取りも大切だけど、
音読ができればもっと楽に
英語の勉強ができるようになるよ
ガーーン
英語は、指でなぞりながら
音読すると
簡単に覚えられるんだよ
それだけでいいの？
へ～、じゃあユナ
やってみせてよ
いいよ。お兄ちゃん
宿題のプリント見せて

bakery、パン屋、beach、ビーチ、city、町、festival、まつり
bakery beach
city festival
rice、ごはん、bread、パン、hamburger、ハンバーガー、pizza ピザ…
お兄ちゃんも大きい声で読みながらやってみて
じぃ〜
全部読んだら、一度だまってプリントをながめてみて形を覚えるの

hamburger pizza
bread
ぼんやり形が頭に
入ってきてるかも～

その調子だよ！
ただ何回も書いて練習するより
すぐに覚えられるでしょ？
よっし！
ありがとユナ！

hamburger
pizza
bread
ぐるるるる～
おなかすいて
きちゃったな～

がんばりシート

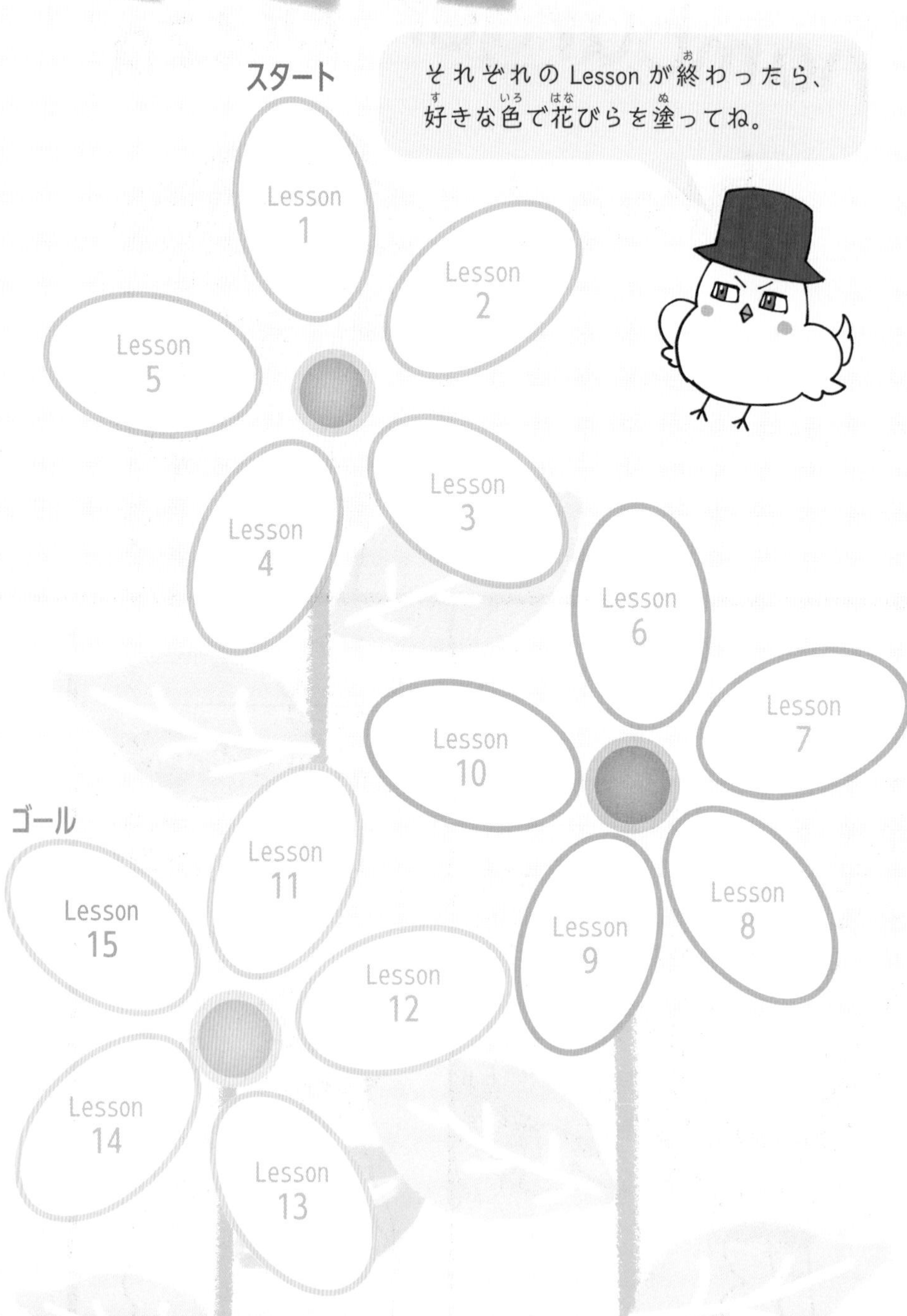
スタート
それぞれのLessonが終わったら、
好きな色で花びらを塗ってね。
Lesson 1
Lesson 2
Lesson 3
Lesson 4
Lesson 5
Lesson 6
Lesson 7
Lesson 8
Lesson 9
Lesson 10
Lesson 11
Lesson 12
Lesson 13
Lesson 14
Lesson 15
ゴール

第2章

Sentence

センテンス

Lesson 16

センテンス

音声（おんせい）を聞（き）きながら指（ゆび）でなぞる「なぞり読（よ）み」をしてみましょう。
次（つぎ）に「ながめて暗記（あんき）」をします。

スタンプ・シール

1 Hi.

2 Hello.

3 Wow!

4 Yes.

5 No.

（日本語訳（にほんごやく）は別冊（べっさつ） p1）

Lesson 17

センテンス

6

Good morning.

7

Good evening.

8

Have a good night.

9

Have a nice day.

10

You, too.

(日本語訳は別冊 p1)

Lesson 18

センテンス

11

My name is Kathy.

12

I'm from America.

13

Nice to meet you.

14

Nice to meet you, too.

15

Welcome to Japan.

(日本語訳は別冊 p1)

Lesson 19

センテンス

16

I'm a student.

17

I'm in the 5th grade.

18

I go to ABC elementary school.

19

I like tennis.

20

I have a sister.

（日本語訳は別冊 p1）

Lesson 20

センテンス

21

This is Mike.
He is from Australia.

22

He listens to music every day.

23

He lives in Tokyo now.

24

He has an older sister.
Her name is Kate.

25

They both like Japan very much.

(日本語訳は別冊 p1)

Lesson 21

センテンス

26

I usually go to bed at 9.

27

I usually get up at 7.

28

My parents often go shopping together.

29

I have no school on weekends.

30

There are five people in my family.

（日本語訳は別冊 p1）

Lesson 22

センテンス

31

We have two English teachers.

32

Their names are Ben and Ken.

33

They are good at baseball.

34

They can play soccer, too.

35

I often play soccer with them.

(日本語訳は別冊 p1)

Lesson 23

センテンス

36

I don't like natto.

37

I'm not good at cooking.

38

I don't have a pet.

39

My aunt has a big dog.

40

The movie is from two to four.

(日本語訳は別冊 p1)

Lesson 24

センテンス

41
The picture of flowers is on the wall.

42
There are six eggs in the fridge.

43
The bird is by the window.

44
There is a bear behind the tree.

45
Is there any supermarket near here?

(日本語訳は別冊 p1)

Lesson 25

センテンス

46

My jacket is on the chair.

47

What's in the bag?

48

A present for you!

49

My gloves are under the sofa.

50

I live near here.

(日本語訳は別冊 p1)

Lesson 26

センテンス

51

Please look at the map.

52

Please don't run.

53

Let's eat lunch.

54

Yes, let's.

55

Don't worry.

(日本語訳は別冊 p1)

Lesson 27

センテンス

56

Please sit down.

57

Come in, please.

58

I like taking pictures.

59

Bye, Robbie.

60

See you tomorrow.

(日本語訳は別冊 p1)

Lesson 28

センテンス

61

I have dance practice on Fridays.

62

David plays the guitar very well.

63

John and I do our homework in the library.

64

I have a lot of friends in the anime club.

65

Wash your hands before dinner.

（日本語訳は別冊 p1）

Lesson 29

センテンス

スタンプ・シール

66

Brush your teeth after breakfast.

67

Be kind to others.

68

Be careful.

69

Don’t be late for school.

70

This bus goes to Shibuya.

(日本語訳は別冊 p1)

Lesson 30

センテンス

71

I'm making pizza now.

72

My father is cooking in the kitchen now.

73

He is a good cook.

74

His BBQ is the best.

75

We are writing Christmas cards.

(日本語訳は別冊 p2)

Lesson 31

センテンス

76

Can I get a cup of tea, please?

77

My uncle runs very fast.

78

My aunt always drinks coffee in the morning.

79

I practice the violin for three hours every day.

80

It's time for bed, Amy.

(日本語訳は別冊 p2)

Lesson 32

センテンス

81

My favorite food is pasta.

82

Bill, this is my sister, Susan.

83

She is a nurse.

84

She works in a big hospital.

85

I had a good time.

(日本語訳は別冊 p2)

Lesson 33

センテンス

86

I went fishing with my friends.

87

I know Mrs. Johnson.

88

She is Mika's mom.

89

Mr. Kato is our Japanese history teacher.

90

My grandma is one hundred and two years old.

(日本語訳は別冊 p2)

Lesson 34

センテンス

91

Here's some strawberry ice cream.

92

It looks delicious!

93

February fourteenth is Valentine's Day.

94

My bike is really old.
I want a new one.

95

February is the coldest month of the year.

(日本語訳は別冊 p2)

Lesson 35

センテンス

96

Those are my new soccer shoes.

97

I wear them to school.

98

My room is upstairs.

99

That bridge is 70 meters long.

100

Mr. Yamada teaches P.E. in my school.

（日本語訳は別冊 p2）

最初(さいしょ)から難(むずか)しい英語(えいご)にチャレンジする！

え〜
英語の本を
読んでみよう！
English
ぶあっ〜〜

本…
日本語でもあまり本を
読むのは得意じゃないんだよな
ハードルが
高いなあ
English
じゃあ、まずは
絵本から
始めてみよう
MOMOTARO

この絵本は日本語でも読んだことあるんじゃない？
絵は見たことあるかも
MOMOTARO
じゃ、単語の練習のときと同じように、指でなぞりながら音読してごらん
Once upon a time

書かれてることがなんとなくわかる！ぼくってスゴイかも！
わ～、不思議！
ここまでいっしょにやってきた効果が表れているのだ～！
単語をいっぱい覚えたおかげだよ！
ユウキくんすごい！
よっし！ 英語の絵本を見つけたらどんどん読んでみるぞ～！ママをびっくりさせてやるっ！
ユナをでしょ

がんばりシート

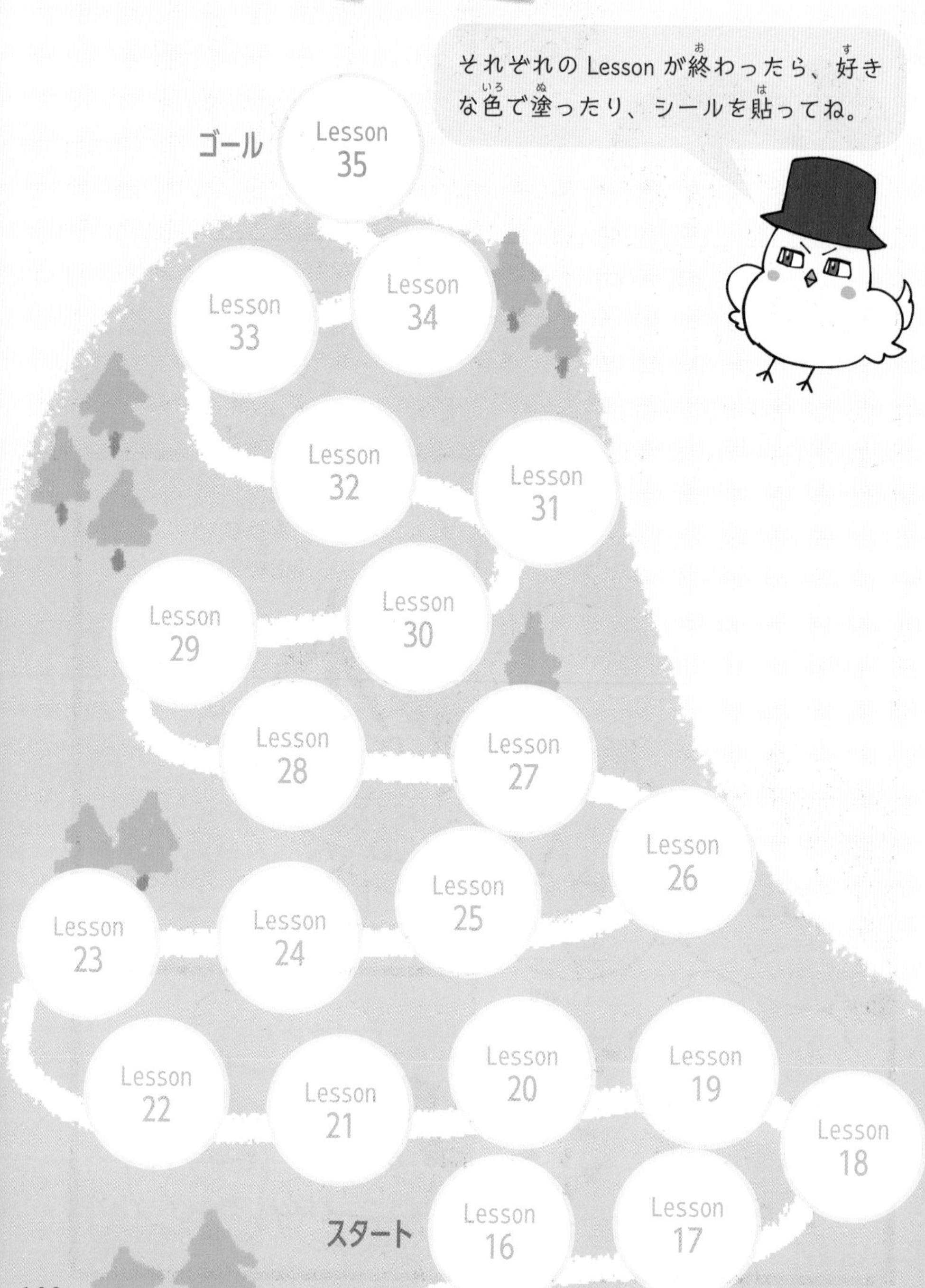

それぞれの Lesson が終わったら、好きな色で塗ったり、シールを貼ってね。
ゴール
Lesson 35
Lesson 34
Lesson 33
Lesson 32
Lesson 31
Lesson 30
Lesson 29
Lesson 28
Lesson 27
Lesson 26
Lesson 25
Lesson 24
Lesson 23
Lesson 22
Lesson 21
Lesson 20
Lesson 19
Lesson 18
Lesson 17
Lesson 16
スタート

第3章

Phrase

フレーズ

Lesson 36

音声を聞きながら指でなぞる「なぞり読み」をしてみましょう。
次に「ながめて暗記」をします。

トラック NO.36

スタンプ・シール

1

How are you?

I'm good. Thank you.

2

Do you want juice or water?

Water, please.

3

Thank you for your help.

No problem.

(日本語訳は別冊 p2)

Lesson 37

フレーズ

4

Monica, open the curtains, please.

All right.

5

Can I play games with you?

Sure.

6

When's your birthday?

November 3rd.

(日本語訳は別冊 p2)

Lesson 38

フレーズ

7

Which cup is yours?

It’s the pink one.

8

Do you have any pets?

Yeah, I have two pet cats.

9

Can you pass me the salt, please?

Here you are.

（日本語訳は別冊 p2）

フレーズ

10

Where are you from?

I'm from Oita.

11

Who is that man at the bus stop?

That's Mr. Wood.

12

How much is this coat?

It's 200 dollars.

(日本語訳は別冊 p2)

フレーズ

13

How was your day today?

It was great.

14

Where is the bathroom?

It's over there.

15

Your blue skirt is cute.

Thanks.

(日本語訳は別冊 p2)

フレーズ

16

I like green tea.
How about you?

Me too!

17

Where is your dad?

He's at work today.

18

Do you know the man over there?

No, I don't.

(日本語訳は別冊 p2)

フレーズ

19

How do you go to school?

By bus.

20

What do you want for dinner?

I want a hamburger.

21

What are you doing after school?

I'm going to the mall.

(日本語訳は別冊 p2)

フレーズ

22

Mom, where are my glasses?

They are on the kitchen table.

23

What are you doing?

We are writing a birthday card for Anna.

24

What's your favorite food, Meg?

My favorite food is fruit salad.

(日本語訳は別冊 p2)

フレーズ

25

Did you have a nice weekend, Sarah?

Yes. Did you, Nick?

26

How many students are there in your class?

There are 30.

27

Do you want a mango or a pineapple?

A mango, please.

(日本語訳は別冊 p3)

フレーズ

28

What time do you usually eat dinner?

Around seven-thirty.

29

Do you like Mexican food?

Yes, I love it.
I eat tacos all the time.

30

What's your favorite class?

It's English with Mrs. Green.

(日本語訳は別冊 p3)

フレーズ

31

When is May's birthday?

It's April 4th.

32

What day is it today?

It's Wednesday.

33

What kind of movies do you like?

I like action movies.

(日本語訳は別冊 p3)

フレーズ

34

Don’t eat all the cookies, Hiroshi.

Sorry about that.

35

What colors do you like?

I like red and purple.

36

Thank you for this beautiful sweater.

You’re welcome.

(日本語訳は別冊 p3)

フレーズ

37

I need a pen. Do you have one?

Yes, here you are.

38

Do you know that woman?

Yes, she is a famous actress.

39

What animals do you like?

I like koalas and pandas.

(日本語訳は別冊 p3)

フレーズ

40

What color is your pet bird?

It's blue.

41

My father is taking us to the zoo.

Wow! Great!

42

Where does your brother live?

He lives in New York.

(日本語訳は別冊 p3)

フレーズ

43

This is a picture of my younger brother.

Oh, he's so cute.

44

Is this your computer?

Yes, it's mine. You can use it.

45

Whose comic books are these?

They are mine.

(日本語訳は別冊 p3)

フレーズ

46

May I see your passport, please?

Sure, here you are.

47

Who is the email from?

It's from our teacher.

48

Your Japanese is so good, John.

Thank you, I study it every day.

（日本語訳は別冊 p3）

ん り ー

それぞれのLessonが終(お)わったら、好(す)きな色(いろ)で塗(ぬ)ったり、シールを貼(は)ってね。

Lesson 50

Lesson 49

Lesson 48

Lesson 47

Lesson 46

Lesson 45

Lesson 44

Lesson 43

Lesson 42

Lesson 41

Lesson 40

Lesson 39

Lesson 38

Lesson 37

Lesson 36

スタート

第4章

Dialog

ダイアログ

ダイアログ

会話(かいわ)を、そのまま暗記(あんき)してみましょう。

スタンプ・シール

1

A: Hi. My name is Jim.

B: Hi. I’m Tom. How are you?

A: I’m fine, thanks. And you?

B: I’m good.

A: やあ。ぼくの名前(なまえ)はジムです。
B: やあ。ぼくはトム。お元気(げんき)ですか？
A: ぼくは元気(げんき)です。きみは？
B: 元気(げんき)だよ。

Lesson 53

ダイアログ

2

A: Nice to meet you, Susan.

B: Nice to meet you, too, Alice.

A: Where do you live?

B: I live near the station.

A: はじめまして、スーザン。
B: こちらこそはじめまして、アリス。
A: どこに住(す)んでいるの？
B: わたしは駅(えき)の近(ちか)くに住(す)んでいるの。

Lesson 54

ダイアログ

3

A: Can you come to my birthday party?

B: Wow! I'd love to. When is it?

A: It's next Sunday.

A: わたしの誕生日パーティーに来てくれる？
B: わー！　もちろん行きたい！　いつ？
A: 次の日曜日だよ。

Lesson 55

ダイアログ

スタンプ・シール

4

A: What do you want to be in the future?

B: I'm not sure yet. How about you?

A: I want to be a photographer.

B: Cool!

A: 将来(しょうらい)は何(なに)になりたい？
B: まだわからないな。きみは？
A: ぼくは写真家(しゃしんか)になりたいな。
B: かっこいいね！

Lesson 56

ダイアログ

スタンプ・シール

5

A: Why do you want to learn Japanese?

B: Because I want to go to Japan.

A: Why do you want to go there?

B: Because I love Japanese food!

A: どうして日本語を勉強したいの？
B: 日本に行きたいから。
A: どうして行きたいの？
B: 日本の食べものが大好きだから！

Lesson 57

ダイアログ

6

A: Ouch!

B: What's up? Are you alright?

A: Yeah. I fell down.

B: Oh no!

A: いたっ！
B: どうしたの？　大丈夫(だいじょうぶ)？
A: うん。こけたんだ。
B: あーあ。

Lesson 58

ダイアログ

7

A: Dad, can I go out to play?

B: When is your math test?

A: Next Monday, but I'm OK.

B: I see. Please come back before 6.

A: パパ、お外に遊びに行っていい？
B: 算数のテストはいつなんだ？
A: 次の月曜日だけど、大丈夫だよ。
B: わかった。6時までには帰ってきなさい。

Lesson 59

ダイアログ

スタンプ・シール

8

A: Are you going shopping this afternoon?

B: Yes. Do you want anything?

A: Some eggs and bacon, please.

B: No problem!

A: 今日の午後買い物に行くの？
B: 行くよ。何かほしいの？
A: 卵とベーコンを買ってきて。
B: いいわよ。

Lesson 60

ダイアログ

スタンプ・シール

9

A: How tall are you, Jeff?

B: I'm 178 centimeters tall.

A: Is your father as tall as you?

B: Yes, he is.

A: 身長（しんちょう）はいくつなの、ジェフ？
B: 178センチメートルだよ。
A: きみのお父（とう）さんも同（おな）じくらいなの？
B: うん、そうだよ。

Lesson 61

ダイアログ

スタンプ・シール

10

A: I'm sorry I'm so late Mr. Parker.

B: That's all right. Please be on time tomorrow.

A: Yes! It won't happen again.

B: OK. Please go back to your seat.

A: パーカー先生(せんせい)、遅(おく)れてごめんなさい。
B: いいですよ。あしたは遅刻(ちこく)しないようにね。
A: はい！　もう遅刻(ちこく)はしません。
B: OK。席(せき)にもどってください。

スピード重視でダラダラやらない！

今始めたばっかりで
もうおしまいなの？
そうだよ。今日のぶんは
これでおしまい

え～！ なんでそんな短い時間
しか勉強してないのに
ユナのほうが英語
できるんだよ～～！
ずるいな～!!
30分も
勉強したのに

ぐぬぬ～
ずるいじゃないの！
わたしは短時間で
ちゃんとやってるの！

た、たぶん入ってる…かな
お兄ちゃん、今日やったこと頭に入ってる??
ドキッ
え? え?

もう勉強にあきちゃってるのに机に座っているんだから、頭には入っていないんだよね
ボッサ~

お兄ちゃん、勉強してるときに足をぶらぶらさせたり、頭を何度もかいたりするじゃない?
ぶらぶら
ボリボリ
それって〝あきる1分前〟の信号なのよ

そうかも〜〜
たしかに、今日やったこと
何も覚えてないな

30分
だらだら

少しずつの時間で
ちゃんと毎日やったほうが
たくさん覚えられるんだよ

5分
ビシッ

自信にあふれた妹が
なんだかすごく
まぶしく見えるぞ…
ピカー

お兄ちゃんが
しっかりしてない
だけよ!!
でへへ

がんばりシート

それぞれの Lesson が終わったら、好きな色で塗ったり、シールを貼ってね。

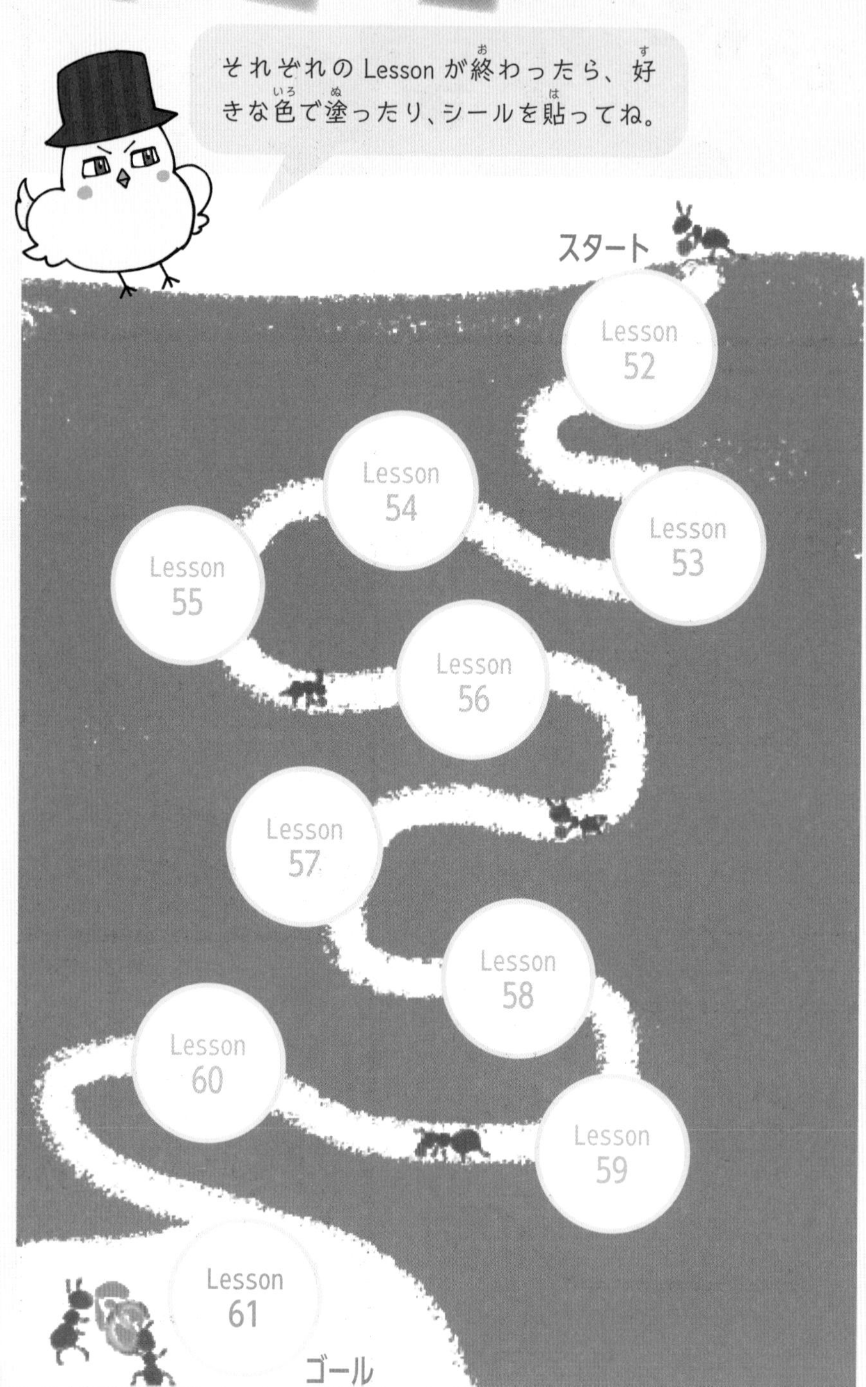

第5章

Listening

リスニング

Lesson 62

リスニング

＜イラストの内容一致選択問題＞
3つの英文が音声で2回流れます。イラストの内容に合った答えを、1から3の中から1つ選んで○をつけましょう。例題は日本語です。

トラック NO.62

スタンプ・シール

(答えは別冊 p3-4)

Lesson 63

リスニング

<イラストの内容一致選択問題>

3つの英文が音声で2回流れます。イラストの内容に合った答えを、1から3の中から1つ選んで○をつけましょう。例題は日本語です。

トラック NO.63

スタンプ・シール

(答(こた)えは別冊(べっさつ) p4-5)

Lesson 64

リスニング

＜会話の応答文選択問題＞
2人の会話が音声で2回流れます。質問への答えとして正しいものを1から3の中から1つ選んで○をつけましょう。例題は日本語です。

スタンプ・シール

（答えは別冊 p5）

Lesson 65

リスニング

＜会話の応答文選択問題＞

2人の会話が音声で2回流れます。質問への答えとして正しいものを1から3の中から1つ選んで○をつけましょう。例題は日本語です。

スタンプ・シール

(答えは別冊 p5-6)

Lesson 66

リスニング

＜会話の内容一致選択問題＞
会話のあとに流れる質問を聞いて、その答えとして正しいものを1から4の中から1つ選んで○をつけましょう。例題は日本語です。音声は2回流れます。

スタンプ・シール

例題
1. ジョンです。
2. 箱です。
3. (○) おもちゃです。
4. いいえ、ちがいます。

1
1. To the park.
2. To the post office.
3. To the movie theater.
4. To the supermarket.

2
1. It's blue.
2. It's a bag.
3. It's red.
4. It's pink.

3
1. Dinner.
2. Snacks.
3. Milk.
4. Vegetables.

4
1. They have some.
2. No, they don't.
3. Yes, they are.
4. They have no homework tomorrow.

5
1. New York.
2. Christina.
3. Tokyo.
4. Kyoto.

（答えは別冊 p6-7）

Lesson 67

リスニング

＜会話の内容一致選択問題＞
会話のあとに流れる質問を聞いて、その答えとして正しいものを1から4の中から1つ選んで○をつけましょう。例題は日本語です。音声は2回流れます。

例題

1. 1つ
2. 2つ（○）
3. 3つ
4. 4つ

1

1. Orange juice.
2. Thirsty.
3. Water.
4. Apple juice.

2

1. It's raining.
2. It's sunny.
3. It's an umbrella.
4. It's cloudy.

3

1. It's 11:10.
2. It's 11:20.
3. It's 11:30.
4. It's 11:40.

4

1. Pandas.
2. Koalas.
3. Rabbits.
4. Hamsters.

5

1. A pencil.
2. Money.
3. A pencil case.
4. A pen.

(答えは別冊 p7)

がんばりシート

それぞれの Lesson が終わったら、好きな色で塗ったりシールを貼ってね。

第6章

Speaking

スピーキング

問題の3つめの質問は、
きみのことについて
聞いているよ。
よく考えて答えよう！

例題

スピーキング

英文を黙読したあと音読をします。次に音声で流れる3つの質問に、英語で答えましょう。例題は日本語です。

トラック NO.68

スタンプ・シール

例題

レスリング

金太郎は12歳です。レスリングが大好きです。いつもクマといっしょに練習しています。いつかオリンピックに出たいです。

Lesson 68

スピーキング

英文を黙読したあと音読をします。
次に音声で流れる3つの質問に、英語で答えましょう。

スタンプ・シール

1

Ben's Pet

Ben is 8 years old. He lives in a house with his parents and his pet, Momo. Momo is a white dog. Ben likes Momo very much.

(答えの例は別冊 p8)

Lesson 69

スピーキング

英文を黙読したあと音読をします。
次に音声で流れる3つの質問に、英語で答えましょう。

スタンプ・シール

2

Curry and rice

Steve is 11 years old. He likes curry and rice very much. He makes it with his mother for dinner.

(答えの例は別冊 p8)

Lesson 70

スピーキング

英文を黙読したあと音読をします。
次に音声で流れる3つの質問に、英語で答えましょう。

トラック NO.71

スタンプ・シール

3

Best friend

Miho is 9 years old. She goes to ABC elementary school. Her best friend is Hana. They play together after school.

(答えの例は別冊 p8)

Lesson 71

スピーキング

英文を黙読したあと音読をします。
次に音声で流れる3つの質問に、英語で答えましょう。

スタンプ・シール

4

New bike

Emily is 10 years old. She has a new bike. It's red and beautiful. She goes to the park by bike on weekends.

(答えの例は別冊 p8)

Lesson 72

スピーキング

英文を黙読したあと音読をします。
次に音声で流れる3つの質問に、英語で答えましょう。

トラックNO.73

スタンプ・シール

5

Tennis

Joey is 7 years old. He likes tennis very much. He has three tennis rackets and uses the black racket for games. He is a good player.

(答えの例は別冊 p8)

「リピート」「シャドーイング」「オーバーラッピング」！

リピート
apple
まずは、「リピート」
「リピート」は
英語の音を聞いたあとに
音読することだよ
apple
シャドーイング
apple
apple
「シャドーイング」は
英文を見ないで、
聞こえた英語をいっしょに
マネして言うんだ
コツは重ねるように
音読すること
オーバーラッピング
apple
apple
「オーバーラッピング」は
英文を見ながら
聞こえてくる英語と声を
合わせて読んでいくやり方だよ
今までやってきた
なぞり読みだね

まずは、日本語の
アニメを見ながら
「シャドーイング」の
練習をしてみようか？
日本語でいいの？
シャドーイングのコツは、
アニメの主人公が
言っているセリフを
聞き終わってからではなく、
そのセリフに少し遅れて
重ねて言ってみて
かかってこい
●ビーム
●ビーム
ムギュ〜〜
もう怒ったぞ〜！
もう怒ったぞ〜！

そうそう。言葉の意味を考えたり
技はマネしなくていいから
主人公のセリフを
そのまま同じに言うようにしてね

この練習を１日５分で
いいからやってみて。慣れてきたら

今度は英語の音声付きの絵本で
「シャドーイング」と
「オーバーラッピング」
をやってみよう

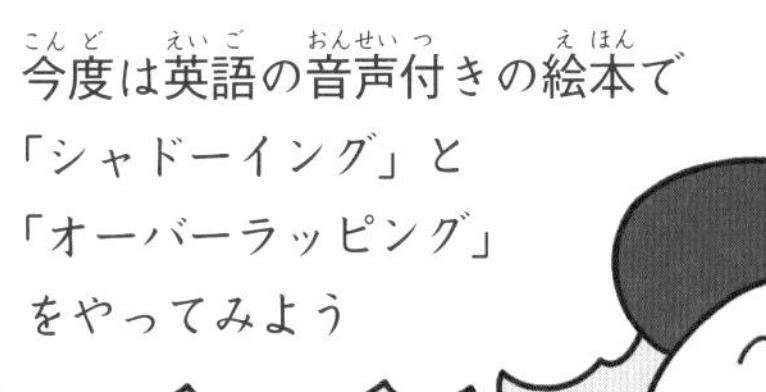

絵本は前に勉強
したからもう
読めるもんね～

本を見ずに
音だけを聞いてマネ
して言ってみよう

最初は全然同じように
言えなくても
大丈夫だから、気にせずに
どんどん声に出してね
できるかな〜
英語の音だけ聞いて
再現することに集中するんだ
Once upon a time…
Once upon a time…
元気に声に出して！
40%できてたら
合格だよ
全然できなかったな〜
大丈夫！
やりきったことが
えらい!!
はふぅ〜

次に、「オーバーラッピング」
本を開いていつものように
指で文字をなぞりながら
声に出して読んでみて

Once upon a time…

Once upon a time…

シャドーイングが大変だったから
いつもより楽勝な気がするよ

1日に数ページで
いいから「シャドーイング」と
「オーバーラッピング」
をやってみてね

1冊読み終えたときには
ユウキくんの
英語パワーはグ〜ンとアップ
しているはずだよ！

言いたいことは、はっきりと伝えることが大事！

バッシャ
プールみたいだね
バッシャ
!!
そんな～！
そういう意味に
なっちゃうの？
マイク～！
周りの人が見てるよ！
ぶくぶく…
すごいだろ!
Yes, みんなぼくを
見てくれてるね！
ザバー
ぼくがかっこいい
のかな？

え～～っと、そういう
意味じゃなくて
「迷惑そうに」見てるんだよ～
しらーー
ユウキくん、今の言い方じゃ
マイクには伝わらないよ
日本人だと、
「周りの人が見てるから」
って言ったら、
なんとなくいけない
ことしてるのかな～
って思えるだろうけど、
マイクには、はっきり
「マイク、泳ぐのをやめて」って
英語で言わないと伝わらないんだ
No
英語では遠回しな表現では
伝わらないんだよ

「みんなが見てるよ」って言われたから、
マイクは「Oh!　みんながぼくに注目してる」
って思ってしまって、
人気者
もっと泳ぎたくなっちゃってるんだ
たとえば、窓が開いていて
寒いと思ったとき、
「窓が開いていて寒いですね」って
日本語で日本人に言ったら
「(あ〜あなたが寒いなら)
窓を閉めましょうか?」って
聞いてくれるかもしれないけど、

英語だと「そうだね、寒いね」で終わってしまうと思うよ
me,too
伝わってない
全然
窓を閉めてほしかったら「窓を閉めてくれる？ 寒いから」ってきちんと言わないと伝わらないんだ
OK
Close the window, please. It's cold.
Sorry Mike, but onsen is not for swimming.
（悪いんだけどマイク、温泉は泳ぐところじゃないよ）
そうなんだ～。伝えたいことは、はっきりと言わないといけないんだね！

I see.
Thank you.
伝えたいことはちゃんと伝えないといけないんだ！
ユナ！
これからもユナといっしょに勉強していってもいいかな？

ユナのことが好きだから
いつかいっしょに海外を旅しよう！

ユウキくん…
OK!
もちろん！
うれしい！
ユナとの夢のために
もっともっと
英語を勉強するぞ～!!

がんばりシート

それぞれの Lesson が終(お)わったら、花火(はなび)を描(えが)いて、きれいな夜空(よぞら)にしてね。

●著者
廣津留真理（ひろつる　まり）
社会起業家、ブルーマーブル英語教室代表。一般社団法人Summer in JAPAN代表理事兼CEO。株式会社ディリーゴ代表取締役。ゼロから英語を始めた小学生が週1回75分レッスンで1年以内に英検３級以上の力をつける「ひろつるメソッド®」で注目され、テレビ雑誌等でも取り上げられる。英語教室は幼児から大学受験生までが一緒に学ぶ無学年制。
著書に『英語で一流を育てる　小学生でも大学入試レベルがスラスラ読める家庭学習法』（ダイヤモンド社）、『世界基準の子どもを育てる　成功する家庭教育　最強の教科書』（講談社）、『ひろつるメソッド　子ども英語 Don Don English!　英検５級対応』（主婦の友社）、『マンガでやさしくわかる　子どもの英語　家庭学習法』（日本能率協会マネジメントセンター）など多数。
早稲田大学卒業。

●校正協力　株式会社ディリーゴ
●マンガ　加藤のりこ
●イラスト　Mie Design
佐藤加奈子
●本文デザイン　CHADAL 108（門司美恵子）
●録　音　一般財団法人　英語教育協議会ELEC（エレック）
●ナレーター　クリス・コプロスキ
レイチェル・ワルザー
水月優希
●編集協力・DTP　オフィスミィ
●編集担当　田丸智子（ナツメ出版企画株式会社）

1日5分で身につく！　小学生の英語

2020年6月4日　初版発行

著　者　**廣津留真理**
発行者　**田村正隆**

発行所　**株式会社ナツメ社**
東京都千代田区神田神保町 1-52　ナツメ社ビル 1F（〒 101-0051）
電話　03（3291）1257（代表）　FAX　03（3291）5761
振替　00130-1-58661
制　作　**ナツメ出版企画株式会社**
東京都千代田区神田神保町 1-52　ナツメ社ビル 3F（〒 101-0051）
電話　03（3295）3921（代表）
印刷所　**ラン印刷社**

ISBN978 - 4 - 8163 - 6837 - 0
Printed in Japan
〈定価はカバーに表示してあります〉〈落丁・乱丁本はお取り替えします〉

本書に関するお問い合わせは、上記、ナツメ出版企画株式会社までお願いします。

1日5分で身につく！　小学生の英語

別冊

日本語訳／答え

センテンス

Lesson 16 (p84)

1. やあ。
2. こんにちは。
3. うわー！
4. はい。
5. いいえ。

Lesson 17 (p85)

6. おはようございます。
7. こんばんは。
8. おやすみなさい。
9. よい1日を。
10. あなたもね。

Lesson 18 (p86)

11. わたしの名前はキャシーです。
12. わたしはアメリカ出身です。
13. はじめまして。
14. こちらこそはじめまして。
15. 日本へようこそ。

Lesson 19 (p87)

16. わたしは学生です。
17. わたしは5年生です。
18. わたしはABC小学校へ通っています。
19. わたしはテニスが好きです。
20. わたしには姉（妹）がいます。

Lesson 20 (p88)

21. こちらはマイクさんです。
彼はオーストラリア出身です。
22. 彼は毎日音楽を聞きます。
23. 彼は今、東京に住んでいます。
24. 彼にはお姉さんがいます。
彼女の名前はケイトです。
25. 2人とも日本が大好きです。

Lesson 21 (p89)

26. わたしはたいてい9時にねます。
27. わたしはたいてい7時に起きます。
28. わたしの両親はよく2人で買い物に行きます。
29. 週末は学校はありません。
30. わたしは5人家族です。

Lesson 22 (p90)

31. わたしたちには英語の先生が2人います。
32. 彼らの名前はベンとケンです。
33. 彼らは野球が得意です。
34. 彼らはサッカーもできます。
35. わたしはよく彼らと一緒にサッカーをします。

Lesson 23 (p91)

36. わたしは納豆が好きではありません。
37. わたしは料理が得意ではありません。
38. わたしはペットを飼っていません。
39. わたしのおばさんは大きないぬを飼っています。
40. その映画は2時から4時までです。

Lesson 24 (p92)

41. お花の写真が壁にかかっています。
42. 冷蔵庫には卵が6つあります。
43. その鳥は窓のそばにいます。
44. その木の後ろにくまがいます。
45. この近くにスーパーマーケットはありますか？

Lesson 25 (p93)

46. わたしのジャケットはいすの上にあります。
47. バッグには何が入っていますか？
48. あなたへのプレゼントです。
49. わたしの手袋はソファーの下にあります。
50. わたしはこの近くに住んでいます。

Lesson 26 (p94)

51. 地図を見てください。
52. 走らないでください。
53. ランチを食べましょう。
54. はい、そうしましょう。
55. 気にしないで。

Lesson 27 (p95)

56. 座ってください。
57. 入ってください。
58. わたしは写真をとることが好きです。
59. さよなら、ロビー。
60. またあした。

Lesson 28 (p96)

61. わたしは金曜日にダンスの練習があります。
62. デイビッドはギターをとても上手に弾きます。
63. ジョンとわたしは図書館で宿題をします。
64. わたしはアニメクラブにたくさんの友だちがいます。
65. 夕食の前に手を洗いなさい。

Lesson 29 (p97)

66. 朝食の後に歯を磨きなさい。
67. ほかの人に優しくしなさい。
68. 気をつけて。
69. 学校に遅れてはいけません。
70. このバスは渋谷に行きます。

Lesson 30 (p98)

71. わたしは今ピザを作っているところです。
72. わたしのお父さんは今、台所で料理をしているところです。
73. 彼は料理が上手です。
74. 彼の作るバーベキューは最高です。
75. わたしたちはクリスマスカードを書いているところです。

Lesson 31 (p99)

76. お茶を一杯もらえますか？
77. わたしのおじさんはとても速く走ります。
78. わたしのおばさんはいつも、朝コーヒーを飲みます。
79. わたしは毎日3時間バイオリンを練習します。
80. エイミー、もうねる時間よ。

Lesson 32 (p100)

81. わたしの好きな食べものはパスタです。
82. ビル、こちらはわたしの姉（妹）のスーザンよ。
83. 彼女は看護師です。
84. 彼女は大きな病院で働いています。
85. わたしは楽しい時間を過ごしました。

Lesson 33 (p101)

86. わたしは友だちと魚釣りに行きました。
87. わたしはジョンソンさんを知っています。
88. 彼女は美香のママです。
89. 加藤先生はわたしたちの日本史の先生です。
90. わたしのおばあさんは102歳です。

Lesson 34 (p102)

91. いちごのアイスをどうぞ。
92. おいしそう！
93. 2月14日はバレンタインデーです。
94. わたしの自転車はとても古いです。
新しいのがほしいです。
95. 2月は一年のうちで一番寒い月です。

Lesson 35 (p103)

96. それらはわたしの新しいサッカーシューズです。
97. わたしはそれを履いて学校に行きます。
98. わたしの部屋は2階です。
99. あの橋は70メートルの長さがあります。
100. 山田先生はわたしの学校で体育を教えています。

フレーズ

Lesson 36 (p110)

1. ごきげんいかが？
いいです。ありがとう。
2. ジュースとお水どちらがいいですか？
お水をください。
3. 手伝ってくれてありがとう。
どういたしまして。

Lesson 37 (p111)

4. モニカ、カーテンを開けてください。
わかった。
5. きみと一緒にゲームをしてもいい？
もちろん。
6. あなたの誕生日はいつ？
11月3日だよ。

Lesson 38 (p112)

7. どちらのカップがあなたの？
ピンクの（カップ）です。
8. ペットは飼っていますか？
うん、ねこを2匹飼っているよ。
9. 塩をとってくれますか？
はい、どうぞ。

Lesson 39 (p113)

10. どこ出身ですか？
大分出身です。
11. バス停にいるあの男の人はだれですか？
あの人はウッドさんです。
12. このコートはいくらですか？
200ドルです。

Lesson 40 (p114)

13. 今日はどうだった？
最高だったよ。
14. トイレはどこですか？
あちらです。
15. あなたの青いスカートかわいいね。
ありがとう。

Lesson 41 (p115)

16. わたしは緑茶が好きです。あなたは？
わたしも！
17. きみのパパはどこにいるの？
今日は、仕事です。
18. あそこにいる男の人を知っていますか？
いいえ、知りません。

Lesson 42 (p116)

19. どうやって学校に行きますか？
バスで行きます。
20. 夕食は何がいいですか？
ハンバーガーがいいです。
21. 放課後は何をする予定ですか？
ショッピングモールに行きます。

Lesson 43 (p117)

22. ママ、わたしのめがねどこ？
台所のテーブルにあるわよ。
23. 何をしているの？
わたしたちはアンナへの誕生日カードを書いています。
24. 好きな食べものは何、メグ？

フルーツサラダが大好き！

Lesson 44 (p118)

25. 週末楽しかった、サラ？
ええ。あなたは、ニック？
26. あなたのクラスには生徒は何人いますか？
30人います。
27. マンゴーとパイナップル、どちらがほしいですか？
マンゴーをください。

Lesson 45 (p119)

28. いつも何時に夕食を食べますか？
7時30分くらいです。
29. メキシコ料理は好きですか？
はい、大好きです。いつもタコスを食べます。
30. 好きなクラスは何ですか？
グリーン先生の英語です。

Lesson 46 (p120)

31. メイの誕生日はいつですか？
4月4日です。
32. 今日は何曜日ですか？
水曜日です。
33. どんな映画が好きですか？
アクション映画が好きです。

Lesson 47 (p121)

34. ひろし、クッキーを全部食べてはいけませんよ。
ごめんなさい。
35. どんな色が好きですか？
赤と紫が好きです。
36. このきれいなセーターをくれてありがとう。
どういたしまして。

Lesson 48 (p122)

37. わたしはペンが必要です。あなたは持っていますか？
はい、どうぞ。
38. あの女の人を知っていますか？
はい、彼女は有名な女優です。
39. どんな動物が好きですか？
コアラとパンダが好きです。

Lesson 49 (p123)

40. あなたのペットの鳥は何色ですか？
青色です。
41. お父さんがわたしたちを動物園に連れて行ってくれます。
うわ！　最高だね！
42. あなたの兄（弟）はどこに住んでいますか？
彼はニューヨークに住んでいます。

Lesson 50 (p124)

43. これは弟の写真です。
まあ、かわいいですね。
44. これはあなたのパソコンですか？
はい、わたしのものです。使っていいですよ。
45. これらはだれのマンガですか？
それらはわたしのものです。

Lesson 51 (p125)

46. パスポートを見せていただけますか？
もちろん、はいどうぞ。
47. このメールはだれからですか？
わたしたちの先生からです。
48. ジョン、きみの日本語とても上手だね。
ありがとう。毎日勉強しています。

リスニング

Lesson 62（イラストの内容一致選択）(p144-145)

［例題］ 答え：3
1. ケンはペンをもっています。
2. ケンはボールをもっています。
3. ケンはバッグをもっています。

［No.1］ 答え：2
1. Meg goes to bed at 8. メグは8時にねます。
2. Meg goes to bed at 9. メグは9時にねます。
3. Meg goes to bed at 10. メグは10時にねます。

［No.2］ 答え：3
1. Jenny is a doctor. ジェニーは医者です。
2. Jenny is a student. ジェニーは学生です。
3. Jenny is a pilot. ジェニーはパイロットです。

［No.3］ 答え：1
1. There are five chairs in the room.
部屋にはいすが5つあります。
2. There are three chairs in the room.
部屋にはいすが3つあります。
3. There are ten chairs in the room.
部屋にはいすが10こあります。

［No.4］ 答え：1
1. Nicky is listening to music.
ニッキーは音楽を聞いています。
2. Nicky is playing tennis.
ニッキーはテニスをしています。
3. Nicky is riding a bike.
ニッキーは自転車に乗っています。

［No.5］ 答え：3
1. Open your book to page 35.
本の35ページを開いてください。
2. Open your book to page 45.
本の45ページを開いてください。
3. Open your book to page 55.
本の55ページを開いてください。

[No.6]　答え：2

1. Bill has a dog. ビルはいぬを飼っています。
2. Bill has a bird. ビルは鳥を飼っています。
3. Bill has a hamster.
   ビルはハムスターを飼っています。

[No.7]　答え：1

1. A baby is sleeping on the sofa.
   赤ちゃんはソファーの上でねています。
2. A baby is crying on the sofa.
   赤ちゃんはソファーの上で泣いています。
3. A baby is eating on the sofa.
   赤ちゃんはソファーの上で食べています。

[No.8]　答え：2

1. This is a picture of my dog.
   これはわたしのいぬの写真です。
2. This is a picture of my school.
   これはわたしの学校の写真です。
3. This is a picture of my best friend.
   これはわたしの親友の写真です。

[No.9]　答え：3

1. This shirt is 3000 yen.
   このシャツは3,000円です。
2. This shirt is 3500 yen.
   このシャツは3,500円です。
3. This shirt is 4500 yen.
   このシャツは4,500円です。

[No.10]　答え：2

1. I eat bananas for breakfast.
   ぼくは朝食にバナナを食べます。
2. I eat eggs for breakfast.
   ぼくは朝食に卵を食べます。
3. I eat toast for breakfast.
   ぼくは朝食にトーストを食べます。

Lesson 63（イラストの内容一致選択）(p146-147)

[例題]　答え：2

1. 母は料理をしています。
2. 母は本を読んでいます。
3. 母は泳いでいます。

[No.1]　答え：3

1. Robbie usually studies in the park.
   ロビーはいつも公園で勉強します。
2. Robbie usually studies in his room.
   ロビーはいつも彼の部屋で勉強します。
3. Robbie usually studies in the library.
   ロビーはいつも図書館で勉強します。

[No.2]　答え：1

1. Cindy dances well.
   シンディーはダンスが上手です。
2. Cindy skates well.
   シンディーはスケートが上手です。
3. Cindy sings well.
   シンディーは歌が上手です。

[No.3]　答え：2

1. That bridge is 110 meters long.
   あの橋は110メートルです。
2. That bridge is 115 meters long.
   あの橋は115メートルです。
3. That bridge is 150 meters long.
   あの橋は150メートルです。

[No.4]　答え：3

1. My birthday is on July 5th.
   わたしの誕生日は7月5日です。
2. My birthday is on August 7th.
   わたしの誕生日は8月7日です。
3. My birthday is on September 8th.
   わたしの誕生日は9月8日です。

[No.5]　答え：2

1. My dad goes to work by bike.
   父は自転車で仕事に行きます。
2. My dad goes to work by car.
   父は車で仕事に行きます。
3. My dad goes to work by train.
   父は電車で仕事に行きます。

[No.6]　答え：3

1. My soccer shoes are on the desk.
   ぼくのサッカーシューズはつくえの上です。
2. My soccer shoes are under the desk.
   ぼくのサッカーシューズはつくえの下です。
3. My soccer shoes are in the desk.
   ぼくのサッカーシューズはつくえの中です。

[No.7]　答え：1

1. I see four birds on the tree.
   木の上に鳥が4羽見えます。
2. I see seven birds on the tree.
   木の上に鳥が7羽見えます。
3. I see six birds on the tree.
   木の上に鳥が6羽見えます。

[No.8]　答え：1

1. Peter is watching basketball on TV.
   ピーターはテレビでバスケットボールを見ています。
2. Peter is watching boxing on TV.
   ピーターはテレビでボクシングを見ています。
3. Peter is watching kendo on TV.
   ピーターはテレビで剣道を見ています。

[No.9]　答え：3

1. James is doing his homework now.
ジェームズは今宿題をしています。
2. James is practicing Judo now.
ジェームズは今柔道の練習をしています。
3. James is cleaning his room now.
ジェームズは今部屋の掃除をしています。

[No.10] 答え：2
1. We have English on Wednesdays.
水曜日に英語の授業があります。
2. We have English on Thursdays.
木曜日に英語の授業があります。
3. We have English on Saturdays.
土曜日に英語の授業があります。

Lesson 64（会話の応答文選択）(p148-149)

[例題] 答え：3
英語の先生はだれですか？
1. 英語です。
2. 2時間です。
3. スコット先生です。

[No.1] 答え：2
When do you play games?
いつゲームをするの？
1. Yes, I do. はい、そうです。
2. After school. 放課後です。
3. I like winter. 冬が好きです。

[No.2] 答え：1
Do you like music? 音楽は好きですか？
1. Yes, I like pop music.
はい、ポップ音楽が好きです。
2. I have pets. ペットを飼っています。
3. It's today. 今日です。

[No.3] 答え：1
What are you doing now?
あなたは今何をしているの？
1. I'm making breakfast in the kitchen.
台所で朝食を作っています。
2. Ken is studying. ケンは勉強しています。
3. I'm in the tennis club.
テニスクラブに入っています。

[No.4] 答え：3
How old is your sister? お姉さんは何歳ですか？
1. Yes, she can. はい、彼女はできます。
2. She is tall. 彼女は背が高いです。
3. She is 10 years old. 彼女は10歳です。

[No.5] 答え：2
Do you want coffee or tea?
コーヒーとお茶どちらがいいですか？
1. I'm fine. 元気です。
2. Tea, please. お茶をください。
3. Yes, I do. はい、そうです。

[No.6] 答え：1
It's cold. Close the window, please.
寒い。窓を閉めてください。
1. Sure. もちろん。
2. I'm hungry. おなかがすきました。
3. It's on Sunday. 日曜日です。

[No.7] 答え：2
Where are you from? あなたはどこの出身なの？
1. I like TV. テレビが好きです。
2. I'm from America. アメリカ出身です。
3. I don't play the guitar. ギターは弾きません。

[No.8] 答え：2
Hi! My name is Mika.
こんにちは、わたしの名前はミカよ。
1. No, it's not mine.
いいえ、わたしのものではありません。
2. Nice to meet you, Mika. はじめまして、ミカ。
3. Fine, thank you, Mika.
元気です。ありがとう、ミカ。

[No.9] 答え：2
How do you go to school?
学校へはどうやって行くの？
1. By car. 車で。
2. By train. 電車で。
3. On foot. 歩いて。

[No.10] 答え：2
How often do you practice the piano?
どのくらいピアノを練習するのですか？
1. I play the drums. ドラムを演奏します。
2. Once a week. 週に1回です。
3. This is for you. あなたにあげます。

Lesson 65（会話の応答文選択）(p150-151)

[例題] 答え：1
おかわりはいりますか？
1. はい、ください。
2. 晴れです。
3. これはリンゴです。

[No.1] 答え：3
How much is this umbrella?
この傘はいくらですか？
1. Yes, you can. はい、あなたはできます。
2. I can sing well. わたしは上手に歌えます。
3. It's 5 dollars. 5ドルです。

[No.2] 答え：1
How long do you study every day, Yumi?
ゆみ、毎日何時間勉強しますか？

1. For two hours. 2時間です。
2. I study math. 算数を勉強します。
3. No, I don't. いいえ、しません。

［No.3］ 答え：2

Let's go to the park! 公園に行こうよ！
1. See you. さよなら。
2. Yes, let's. うん、そうしよう。
3. At a coffee shop. コーヒーショップで。

［No.4］ 答え：2

What time do you get up on weekends?
週末は何時に起きますか？
1. At school. 学校で。
2. At 8. 8時に。
3. By bike. 自転車で。

［No.5］ 答え：3

Whose book is this? これはだれの本ですか？
1. I want a dictionary. 辞書がほしいです。
2. They are by the door.
それらはドアのそばにあります。
3. It's mine. それはわたしのです。

［No.6］ 答え：2

Who is that girl over there?
向こうにいる女の子はだれですか？
1. She listens to music.
彼女は音楽を聞いています。
2. She is a new student. 彼女は新入生です。
3. I like her shoes.
わたしは彼女の靴が好きです。

［No.7］ 答え：1

Do you often go to the zoo?
動物園にはよく行きますか？
1. Yes. I love pandas.
はい。パンダが大好きです。
2. I don't go to the movies.
映画には行きません。
3. My cat is under the desk.
ネコはつくえの下にいます。

［No.8］ 答え：1

Thank you for your help, Jane!
手伝ってくれてありがとう、ジェーン！
1. No problem. どういたしまして。
2. Don't go out. 外に出てはいけません、
3. Me, too. わたしもです。

［No.9］ 答え：2

Do you have a lot of homework?
宿題はたくさんありますか？
1. Yes, you can. はい、あなたはできます。
2. Yes. I do. はい、あります。
3. Let's run! 走ろう！

［No.10］ 答え：3

Excuse me, but where is the library?
すみません、図書館はどこですか？
1 Good idea. いい考えですね。
2. A book, please. 本を1冊ください。
3. It's next to the bank. 銀行の隣です。

Lesson 66（会話の内容一致選択）(p152)

［例題］ 答え：3

A：その箱には何が入っているの、ジョン？
B：たくさんのおもちゃだよ。
質問：ジョンの箱には何が入っていますか？

［No.1］ 答え：1

A：Chuck, let's play in the park after school!
チャック、放課後、公園で遊ぼうよ！
B：Good idea. Let's go!
いいね。行こう！
質問：Where are they going?
2人はどこに行きますか？
1. To the park. 公園へ。
2. To the post office. 郵便局へ。
3. To the movie theater. 映画館へ。
4. To the supermarket. スーパーマーケットへ。

［No.2］ 答え：3

A：Sarah, is this blue bag yours?
サラ、この青いバッグはあなたの？
B：No, Amy. Mine is red.
違うわ、エイミー。わたしのは赤よ。
質問：What color is Sara's bag?
サラのバッグは何色ですか？
1. It's blue. 青です。
2. It's a bag. バッグです。
3. It's red. 赤です。
4. It's pink. ピンクです。

［No.3］ 答え：4

A：What are you buying, Mika?
何を買っているの、ミカ？
B：Hi Ken. I'm buying some vegetables for dinner.
あら、ケン。夕食の野菜を買っているのよ。
質問：What is Mika buying?
ミカは何を買っていますか？
1. Dinner. 夕食です。
2. Snacks. おやつです。
3. Milk. 牛乳です。
4. Vegetables. 野菜です。

［No.4］ 答え：2

A：Ms. Smith, do we have homework today?

スミス先生、今日は宿題はありますか？

B : No, you don't, Billy. But you will have some tomorrow.
いいえありませんよ、ビリー。でもあしたは宿題があります。

質問 : Do they have homework today?
今日宿題はありますか？

1. They have some.
彼らはいくつか持っています。
2. No, they don't.　いいえ、ありません。
3. Yes, they are.　はい、あります。
4. They have no homework tomorrow.
あしたは宿題がありません。

［No.5］　答え：3

A : Hi, my name is Christina. I'm from New York.
こんにちは、わたしの名前はクリスティーナ。ニューヨーク出身よ。

B : Hi Christina! My name is Taro. I'm from Tokyo.
どうも、クリスティーナ！　ぼくの名前はタロウ。東京出身だよ。

質問 : Where is Taro from?
タロウはどこの出身ですか？

1. New York.　ニューヨーク。
2. Christina.　クリスティーナ。
3. Tokyo.　東京。
4. Kyoto.　京都。

Lesson 67（会話の内容一致選択）(p153)

［例題］　答え：2

A : いらっしゃいませ。ご注文をどうぞ。

B : ハンバーガーを2つとポテトを1つください。

質問 : ハンバーガーをいくつ注文しましたか？

［No.1］　答え：1

A : What are you drinking, Yuki?
何を飲んでるの、ユキ？

B : I'm drinking orange juice. I'm very thirsty.
オレンジジュースを飲んでいるの。とてものどが渇いたわ。

質問 : What is Yuki drinking?
ユキは何を飲んでいますか？

1. Orange juice.　オレンジジュース。
2. Thirsty.　のどが渇いた。
3. Water.　水。
4. Apple juice.　リンゴジュース。

［No.2］　答え：4

A : Is it raining outside now?
今、外雨降ってる？

B : No, it's cloudy. I don't have an umbrella with me.
いいえ、くもりよ。わたしは傘を持っていないわ。

質問 : What is the weather like?
どんな天気ですか？

1. It's raining.　雨が降っています。
2. It's sunny.　晴れです。
3. It's an umbrella.　傘です。
4. It's cloudy.　くもりです。

［No.3］　答え：2

A : What time is the next bus to Shibuya?
渋谷行きの次のバスは何時ですか？

B : It's 11:20. It's coming.
11:20です。もうすぐ来ますよ。

質問 : What time is the next bus?
次のバスは何時ですか？

1. It's 11:10.　11:10です。
2. It's 11:20.　11:20です。
3. It's 11:30.　11:30です。
4. It's 11:40.　11:40です。

［No.4］　答え：4

A : I like koalas. What is your favorite animal, Risa?
ぼくはコアラが好き。きみの好きな動物は何、リサ？

B : I like hamsters, Ben. I keep them at home.
わたしはハムスターが好きよ、ベン。家で飼っているの。

質問 : What is Risa's favorite animal?
リサの好きな動物は何ですか？

1. Pandas.　パンダ。
2. Koalas.　コアラ。
3. Rabbits.　ウサギ。
4. Hamsters.　ハムスター。

［No.5］　答え：3

A : Sam, happy birthday! This is for you.
サム、お誕生日おめでとう！　これ、どうぞ。

B : Wow, a nice pencil case! Thank you, Kate.
うわー、すてきなふでばこだね。ありがとう、ケイト。

質問 : What is the present from Kate?
ケイトからのプレゼントは何でしたか？

1. A pencil.　えんぴつ。
2. Money.　お金。
3. A pencil case.　ふでばこ。
4. A pen.　ペン。

スピーキング

［例題］

質問1: パッセージ（本文）を見てください。金太郎は何歳ですか？

答えの例No.1：彼は12歳です。
質問2: 金太郎とクマは何のスポーツをしますか？
答えの例No.2：彼らは、レスリングをします。
質問3: あなたの好きなスポーツは何ですか？
答えの例No.3：わたしはサッカーが大好きです。

Lesson 68 (p157)

Ben's Pet
Ben is 8 years old. He lives in a house with his parents and his pet, Momo. Momo is a white dog. Ben likes Momo very much.
［ベンのペット］　ベンは8歳です。彼は両親とペットのモモといっしょに家に住んでいます。モモは白いいぬです。ベンはモモが大好きです。

No.1: Please look at the passage. How old is Ben?
パッセージを見てください。ベンは何歳ですか？
答えの例No.1：He is 8 years old.
No.2: What color is Momo?
モモは何色ですか？
答えの例No.2：She is white. (It is white.)
No.3: What animal do you like?
あなたはどんな動物が好きですか？
答えの例No.3：I like cats.

Lesson 69 (p158)

Curry and rice
Steve is 11 years old. He likes curry and rice very much. He makes it with his mother for dinner.
［カレーライス］　スティーブは11歳です。彼はカレーライスがとても好きです。彼はお母さんと一緒に、夕食にカレーライスを作ります。

No.1: Please look at the passage. How old is Steve?
パッセージを見てください。スティーブは何歳ですか？
答えの例 No.1 ： He is 11 years old.
No.2: What does he make with his mother?
彼はお母さんと一緒に何を作りますか？
答えの例No.2：(He makes) Curry and rice.
No.3: What food do you like?
あなたはどんな食べものが好きですか？
答えの例No.3：I like sushi.

Lesson 70 (p159)

Best friend
Miho is 9 years old. She goes to ABC elementary school. Her best friend is Hana. They play together after school.
［一番の友だち］　ミホは9歳です。彼女はABC小学校に通っています。彼女の一番の友だちはハナです。2人は放課後一緒に遊びます。

No.1: Please look at the passage. How old is Miho?
パッセージを見てください。ミホは何歳ですか？
答えの例 No.1 ： She is 9 years old.
No.2: Who is Hana?　ハナはだれですか？
答えの例No.2：(She is) Miho's best friend.
No.3: Who is your best friend?
あなたの一番の友だちはだれですか？
答えの例No.3：My best friend is Taro.

Lesson 71 (p160)

New bike
Emily is 10 years old. She has a new bike. It's red and beautiful. She goes to the park by bike on weekends.
［新しい自転車］　エミリーは10歳です。彼女は新しい自転車をもっています。自転車は赤色できれいです。エミリーは週末には自転車に乗って公園に行きます。

No.1: Please look at the passage. How old is Emily?
パッセージを見てください。エミリーは何歳ですか？
答えの例 No.1 ： She is 10 years old.
No.2: What color is her bike?
彼女の自転車は何色ですか？
答えの例No.2：It's red.
No.3: What color do you like?
あなたは何色が好きですか？
答えの例No.3：I like blue.

Lesson72 (p161)

Tennis
Joey is 7 years old. He likes tennis very much. He has three tennis rackets and uses the black racket for games. He is a good player.
［テニス］　ジョーイは7歳です。テニスが大好きです。テニスラケットを3本持っていて、試合では黒のラケットを使います。ジョーイはテニスが上手です。

No.1: Please look at the passage. How old is Joey?
パッセージを見てください。ジョーイは何歳ですか？
答えの例 No.1 ： He is 7 years old.
No.2: How many rackets does Joey have?
ジョーイは、ラケットを何本持っていますか？
答えの例No.2：He has three (rackets).
No.3: What sport do you like?
あなたの好きなスポーツは何ですか？
答えの例No.3：I like rugby.